디자이너 코코샤넬

스타일로 패션 혁명을 일으키다

디자이너 코코샤넬 스타일로 패션 혁명을 일으키다

2010년 11월 11일 초판 1쇄 발행
2016년 8월 10일 초판 4쇄 발행

글 꼬나 / 그림 고은정 · Top space
펴낸이 이철규 / 펴낸곳 북스
편집 김세영 / 편집디자인 박근영 / 마케팅 이종한

편집부 02-336-7634 / 영업부 02-336-7613 / FAX 02-336-7614
홈페이지 http://www.vooxs.kr / 등록번호 제 313-2004-00245호 / 등록일자 2004년 10월 18일

주소 서울특별시 광진구 동일로 4길 32 2층
값 9,800원
ISBN 978-89-6519-009-7 74800
ISBN 978-89-6519-007-3 (세트)

잘못된 서적은 구입하신 서점에서 교환하여 드립니다.
이 책은 저작권법에 의해 보호를 받는 저작물이므로 불법 복제와
스캔 등 무단 전재 및 유포 · 공유를 금합니다.

디자이너 코코샤넬

스타일로 패션 혁명을 일으키다

글 꼬나 그림 고은정 · Top space

vooxs북스
BOOK IN YOUR LIFE

| 머리말 |

20세기 패션의 역사를 새롭게 쓴 마드무아젤 코코 샤넬

샤넬.

현대를 사는 사람이면 누구나 알고 있는 명품 브랜드이다.

전 세계적으로 백화점의 매장이나 고급 부티크를 갖고 있으며 누구나 한 번쯤은 가지고 싶은 브랜드이기도 하다.

하지만 그 시작은 초라하고 보잘 것이 없었다.

프랑스 시골의 가난한 사생아로 출발한 샤넬 브랜드의 창시자 코코 샤넬. 그녀는 현대사의 질곡을 몸으로 겪으며 오늘날 최고의 패션 아이콘으로 성장하였다. 누구나 알고 있는 이름이지만 그녀가 살아온 인생을 아는 사람은 많지가 않다.

이 책은 그 인생에 대한 이야기이다.

사람들은 누구나 성공을 꿈꾼다.

'눈을 떠 보니 유명해져 있었다' 라는 말처럼 신데렐라의 주인공 같은 성공을 꿈꾼다.

그러나 코코 샤넬은 신데렐라가 아니었다.

많은 행운과 우연이 있기도 했었지만 그녀의 성공은 온전히 그녀의 열정과 노력으로 이룬 것이었다.

그녀는 80세가 넘어서도 가위를 들었고 바느질을 했다.
죽기 직전까지 옷을 손질했다.
전설은 태어나는 게 아니라 만들어진다는 것을 샤넬은 증명한 것이다.

사람은 누구나 무한한 능력과 기회를 가지고 있다.
그렇지만 성공은 누구에게나 찾아오지 않는다.
비록 가난했지만 당당했고, 자존심과 자신감으로 무장했으며, 누구보다 열정적으로 살아온 샤넬의 삶 속에서 성공은 현재에 안주하지 않는 치열한 노력이 기초가 됨을 발견했으면 좋겠다.

아마 샤넬에게 자신이 명품이 될 수 있었던 이유를 묻는다면 그녀는 이렇게 답했을지도 모른다.
"성공을 위한 꿈이 크면 클수록 노력도 커져야겠지요.
전 다만 제가 할 수 있는 최선의 노력을 다했을 뿐입니다."

지은이 꼬나

CoCo Chanel

차례

머리말_ 20세기 패션의 역사를 새롭게 쓴 마드무아젤 코코 샤넬 **6**

고정관념을 깨뜨린 블랙 드레스 수녀원에서 자란 가브리엘 샤넬 **24**

내 이름은 코코 샤넬 **37**

세상을 향해 한 걸음 내딛다 **47**

샤넬, 그 전설의 시작 **66**

성공 뒤에서 피어나는 음모 **80**

패션의 여왕으로 등극! **101**

사랑을 잃고 샤넬 N°5가 탄생하다 **110**

패션계를 떠나다 **121**

올드 레이디 샤넬의 부활 **142**

불멸의 거장, 영원히 잠들다 **159**

인물 마주보기 *165*
코코 샤넬 **연보** *169*
무궁무진한 **디자이너의 세계** *171*
코코 샤넬과 함께했던 **20세기 패션의 역사** *178*

고정관념을 깨뜨린 블랙 드레스

　코코는 설렘으로 두근거리는 가슴을 누르고 애써 태연한 표정을 짓고 있었다.
　내일이면 코코가 묵고 있는 이곳 루아얄리외, 에티엔 발장의 대저택에서 성대한 사교파티가 있을 예정이기 때문이다.
　루아얄리외는 파리 근교 콩피에뉴에 있는 커다란 말 사육장이 딸린 성으로, 성 주인인 발장은 파티를 자주 열었는데 파리에서도 부유한 귀족들과 상류 계층의 사교계 유명 인사들이 파티장을 가득 메우곤 했다.
　코코는 오래전부터 그런 사교파티를 꿈꾸어 왔다.
　밝고 아름답게 빛나는 샹들리에.
　화려한 드레스로 한껏 멋을 부린 사람들.
　넓은 홀을 가득 채우는 음악과 춤.
　그 안에 마치 동화 속에서 막 튀어나온 것 같은 왕자님이 멋진 모습으로 코코를 기다리고 있었고, 홀 안을 가득 채운 사람들의 시선을 한 몸에 받으며 안으로 들어선 코코와 음악에 맞춰 춤을 추었다.

그런 상상을 하면서 코코는 내일 입을 드레스를 고르기 위해 옷장을 열었다.

옷장 안엔 화려한 모습의 드레스들이 여러 벌 걸려 있었다.

하나같이 당시에 가장 유행하는 잘록한 허리선과 풍성한 치마로 된 드레스들이었다.

드레스가 그리 마음에 들지 않는지 코코는 자꾸만 걸려 있는 드레스를 뒤적거렸다.

"이게 예쁘지 않을까요?"

드레스를 뒤적거리는 코코를 보고 서 있던 하인이 말했다.

"얼마 전에 주인님이 사 오신 건데 레이스가 화려해서 코코님이 입으면 예쁘겠다고 하시던데요."

하인이 드레스를 꺼내 코코 앞에 내 보였다.

"그래요?"

코코는 하인이 꺼내 든 드레스를 보며 마뜩찮은 표정으로 중얼거렸다.

"입어 보시는 게 어때요? 잘 어울리실 것 같은데……."

사실 코코는 이런 바로크 스타일*의 드레스가 마음에 들지 않았다.

마치 공작새 마냥 경쟁이라도 하듯 온갖 화려함을 덕지덕지 옷에 붙여

바로크 스타일 - 값비싸고 화려하며 복잡한 장식으로 디자인된 패션으로, 샤넬 패션의 이전 시기까지 유행했던 스타일이다.

바로크 스타일 드레스

놓은 것만 같았다.

무엇보다도 이런 드레스를 입기 위해선 코르셋을 입어야만 한다는 게 불만스러웠다.

코르셋은 오래전부터 허리선을 강조하기 위해 입어 온 속옷이었는데, 시간이 흐르면서 잘록한 허리가 아름답다는 인식이 퍼지며 견디기 힘들 정도로 꽉 조여 매기 시작했다.

그렇게 조여 맨 코르셋은 숨 쉬기를 힘들게 할 뿐 아니라 허리에도 상당한 부담을 주었으며 때론 극심한 통증을 유발하기도 하였다.

하지만 대부분의 여인들은 아름답게 보이기 위해 그런 고통을 참아야 했던 것인데, 문제는 그런 고통을 참으며 만들어 낸 아름다움이 남성에게 보이기 위해서라는 것이다.

코코는 그게 마음에 들지 않았다.

어째서 남성에게 보이기 위해 고통을 참지 않으면 안 되는지 이해할 수 없었을 뿐만 아니라, 여자의 아름다움이 과도하게 표현된 체형을 억지로라도 만들어 보여야 한다고 생각하는 여인들이 미련해 보이기까지 했다.

그렇긴 해도 발장이 코코를 위해 사 온 드레스란 말에 한번 입어 보기로 마음먹었다. 그러기 위해선 코르셋을 입어야 했다.

"아파요?"

하인이 코코의 등 뒤에서 코르셋 줄을 조이며 물었다.

코르셋 줄이 조여질 때마다 허리에 압박이 전해졌고 조금씩 통증도 몰려 왔다.

"조금만 참아 보세요. 워낙 허리가 가는 드레스라 끝까지 조이지 않으면 안 되거든요!"

하인이 있는 힘껏 코르셋의 줄을 잡아 당겼다.

"그만요……! 그만하세요!"

코코가 비명을 지르듯이 소리쳤다.

"됐어요. 풀어 주세요!"

"네? 풀라고요? 드레스를 안 입어 보실 거예요?"

하인이 의아한 표정을 지으며 물었다.

"네. 안 입을 거예요."

코코가 단호하게 말했다.

코코의 마음이 변한 건 코르셋이 주는 통증 때문이기도 했지만 거울 속에 비춰진 자신의 모습이 마음에 들지 않아서였다.

코코는 조금씩 코르셋이 당겨질 때마다 자신이 다른 여자들과 똑같아지고 있는 것만 같았다. 자신이 미련하다고 생각하는 그런 여자들과 말이다. 코코는 그게 견딜 수 없을 만큼 싫었다.

비록 발장이 자신을 위해 사온 옷이라고 할지라도 결코 입지 않을 것이라고 결심했다.

하지만 옷장 안엔 코르셋 없이 입을 수 있는 드레스가 없었다.

"내일 입을 게 없는데 어쩌실 셈이죠?"

하인이 근심 어린 표정으로 코코를 바라봤다.

하인의 근심을 아는지 모르는지 물끄러미 옷장 안에 걸린 드레스들을 바라보던 코코가 고개를 돌리며 물었다.

"혹시 옷감 있나요?"

"옷감이요?"

전혀 예상치 못한 코코의 질문에 멍한 표정으로 하인이 되물었다.

"그래요. 드레스를 만들 수 있는 옷감이요."

"그런 게 있을 리가 없죠. 저희들이 입는 옷을 만드는 옷감이 있긴 하지만 워낙 질이 떨어지는 거라서."

하긴 당연한 일이었다. 이곳에 드레스를 만들 수 있는 고급 소재의 옷감이 있을 리가 없었다. 그때, 코코의 눈에 창문을 덮고 있는 검은색 커튼이 들어왔다.

코코는 눈을 반짝이며 창문 앞으로 다가가 커튼을 만져 보았다.

화려한 드레스를 만들 수 있는 고급 캐시미어는 아니었지만 제법 값이 나가는 천으로 된 커튼이었다.

"설마 이걸 사용하려는 건 아니죠?"

하인이 커튼을 만져 보고 있는 코코에게 물었다.

"맞아요. 이걸 쓸 거예요."

"예엣?! 커튼으로 드레스를 만든다구요?!"

설마 하긴 했지만 커튼으로 드레스를 만들 거라는 코코의 말에 크게 놀란 하인이 동그랗게 눈을 뜬 채로 말까지 더듬거렸다.

"재봉틀이랑 바느질 도구들은 어디 있나요?"

"제 방에 있긴 하지만 전 옷 같은 걸 만들어 본 적이 없어서……."

하인은 말끝을 흐렸다.

물론 옷을 만들어 본 적이 없다는 말은 거짓말이었다. 대부분의 하인들은 비싼 옷값 때문에 자신이 직접 옷을 만들어서 입었기 때문이다. 하인은 코코가 드레스를 만들어 달라고 할까 봐 거짓말을 했던 것이다.

"무거운 재봉틀을 여기로 옮길 순 없으니까 오늘 하루만 저와 방을 바꿔요."

"그건 어렵지 않습니다만 직접 만드시게요? 사교파티가 내일인데 그게 가능할까요?"

하인이 입꼬리를 올리며 말했다. 아마도 되지 않는 일을 하려 한다고 생각하는 것 같았다.

코코는 아랑곳하지 않고 하인이 창문에서 걷어 낸 커튼을 둘둘 말아 자신의 방을 나섰다.

에티엔 발장은 넓고 화려한 자신의 방에서 파티복을 입고 있었다.

발장의 아버지는 가업인 섬유 공장을 프랑스 최대의 기업 중에 하나로 키워 냈다. 덕분에 발장은 막대한 유산을 물려받았고, 넓이가 반경 100킬로에 달하는 말 사육장이 딸린 이 성을 사들였다.

발장은 종종 성대한 파티를 열었는데 파리의 내로라하는 사교계 인사들이 모여 들었다. 귀족 출신들과 신흥 자본가들이 저마다 자신의 지위를 드러내고자 화려한 치장을 하고 나타났다. 당시 상류사회 사람들은 남에게 보이는 겉치레 즉 체면을 상당히 중요하게 생각했다. 그래서 그들은 모자에서부터 장신구와 옷에 이르기까지 온통 화려하게 꾸미고 다녔다.

파티복을 입은 발장 역시 그들과 다를 게 없는 화려한 모습이었다. 한눈에 보기에도 고급스러운 상류 계층의 사람임을 드러내고 있었다.

옷을 갈아입은 발장이 시계를 꺼내 바라보았다. 하인이 파티가 시작되었다는 보고를 한 지도 30분이 지났지만 아직도 코코는 나타나지 않았다.

발장의 계획은 파티를 시작함과 동시에 코코와 함께 파티장 문을 열고 들어서는 것이었다. 그래서 파티가 열리기 며칠 전, 파리로 직접 가서 가장 화려한 드레스를 사 왔던 것이다.

똑똑.

노크 소리에 발장이 몸을 돌렸다.

문을 열고 하인이 방 안으로 들어왔다.

"코코는?"

"그게 코코님이 먼저 파티장에 가 계시랍니다. 곧 따라갈 거라고 하셨습니다."

하인의 대답이 발장을 실망하게 했다. 나름대로 준비한 자신의 계획이 깨져 버렸기 때문이다.

발장이 코코와 본격적으로 가까워진 건 작은 파리라고 불리는 휴양도시 비시에서였다.

그곳 작은 카페에 성악을 배우며 가수의 꿈을 키우던 코코가 노래를 부르고 있었다.

화려한 미인은 아니지만 코코에겐 묘한 매력이 있었다. 짙은 눈썹과 쏘아보는 듯한 까만 눈동자, 그리고 자신감이 넘치는 표정과 몸짓은 자신이 만나 왔던 여자들과는 달라 보였다.

발장은 하루가 멀다 하고 카페를 찾았고 코코와 친구가 될 수 있었다.

몇 달 후 가수의 꿈을 키우며 성악 수업에 몰두하던 코코는 성악을 지도하던 교수로부터 눈곱만큼의 소질도 없다는 소리를 듣고 절망에 빠졌다. 암흑의 나락에 빠진 그녀는 비시의 모든 것이 싫어진 것 같아 보였다.

발장은 그런 코코에게 자신의 성과 말 사육장에 대해서 이야기했고 그곳에서 지내지 않겠냐는 제안을 했다. 그리고 간간이 벌어지는 화려한 사교파티에 대해서도 설명했다.

비시가 싫어졌는지 아니면 멋진 성과 말 사육장, 그리고 화려한 사교파티에 흥미가 있어서였는지는 모르지만 어찌됐든 코코는 이곳으로 왔다.

파티장 안은 이미 많은 사람들로 북적거렸다. 화려하게 치장을 한 사람들이 군데군데 모여 웃고 떠들었다. 한쪽에선 노래에 맞춰 춤을 추는 사람도 있었다. 그들은 파티장 안에 들어선 발장을 보며 예의를 갖춰 인사를 했다. 하지만 발장은 왠지 허탈한 기분이 들었다.

사실, 파티의 주최자와 그의 팔짱을 낀 여인이 함께 들어선다는 건 많은 사람들에게 사랑하는 사람, 즉 연인임을 공식적으로 선언하는 것과 다름없다.

발장의 바람은 그것이었다. 코코와 팔짱을 낀 모습을 많은 사람들 앞에서 보여 주고 싶었던 것이다. 마치 결혼식장에 들어서는 연인처럼 말이다.

파티장에 있는 사람들과 건성으로 이야기를 하던 발장이 슬쩍 시계를 꺼내 보았다. 또 30분이 지나 있었다.

'도대체 무엇을 하고 있는 거지, 코코는?'

문득, 파티장에 들어서기 전 커튼을 떼어 냈다는 하인의 이야기가 떠올랐다.

'커튼?! 커튼을 떼어 내서 도대체 지금까지 뭘 하고 있던 거지? 설마…….'

하인의 이야기를 곱씹던 발장이 한 가지를 짐작해 냈다.

'그건 설마…….'

끼이이익.

바로 그때, 둔중한 소리를 내며 파티장 문이 열렸다. 발장과 사람들이 모두 파티장 문 쪽으로 시선을 돌렸다.

또각또각.

구두 굽 소리와 함께 코코가 안으로 들어섰다.

"저…… 저게 뭐지?!"

파티장 안으로 들어서는 코코를 보자 사람들이 동그랗게 눈을 뜨며 경악한 표정을 지었다.

발장은 걸어오고 있는 코코의 모습을 보며 깊은 한숨을 내쉬었다. 자신의 짐작이 맞았던 것이다. 그녀는 커튼으로 괴상한 옷을 만들어 입었다. 그것도 온통 시커먼 색의 옷을 말이다.

"하하하! 뭐야 저거?! 저게 옷이야, 뭐야?!"

"그러게 완전 희한하게 생겼군!! 도대체 저게 어느 나라의 옷이지?"

경악한 표정을 짓던 사람들이 곧 폭소를 터트렸.

특히 여자들이 대놓고 비아냥거렸다.

"촌구에선 저런 옷을 입는 거 아냐?!"

"그러게. 색깔 보여? 온통 검은색이야!! 까마귀 한 마리가 걸어오는 것 같지 않아?!"

"정말 그런 것 같은데, 하하하하!!"

마치 그런 반응을 짐작하고 있었다는 듯이 코코는 아무렇지도 않은 표정으로 걸어왔다.

하긴 당연한 반응일 것이다. 파티장 안의 여자들은 너나 할 것 없이 잘록한 허리와 풍만한 가슴을 강조한 풍성하고 화려한 드레스를 입고 있었다. 모두들 사교파티의 드레스는 그래야 한다고 믿어 의심치 않았다. 그런 파티장 안에 허리선도 거의 없고 가슴도 드러나지 않는 단순한 드레스라는 건 상상도 하지 못한 일이었다.

"기다리게 해서 미안해요."

코코가 미소를 지으며 발장에게 말했다.

"내가 사다 놓은 드레스 보지 못했소?"

발장이 당장이라도 코코의 손을 잡아끌고 파티장을 나갈 것 같은 표정으로 물었다.

"아뇨, 봤어요. 여기 여자들이 모두 다 입고 있잖아요."

코코가 발장의 귀에 속삭이듯 대답했다.

코코의 대답에 발장은 더 이상 아무 말도 할 수 없었다. 그도 그럴 것이 코코가 입고 있는 옷이 그녀의 자신 있는 표정과 어우러져 묘하게 자연스러워 보였다.

참으로 극적인 느낌이었다. 보면 볼수록 코코의 모습이 돋보였다. 화려한 장식도 없고 이것저것 꾸민 것도 없이 그저 소박한 모습인데도 충분히 아름다웠다.

그건 발장만의 느낌이 아니었다. 코코의 모습을 보며 황당해하던 홀 안의 사람들도 시간이 흐를수록 코코의 모습이 돋보인다는 걸 알았다.

특히 춤을 추는 코코의 모습은 더욱 그러했다.

보통 코르셋으로 조인 드레스를 입은 여인은 춤을 추는 모습이 어딘지 모르게 부자연스러웠다. 코르셋을 입는 것만으로도 고통스러운데 춤까지 추려면 오죽하겠는가? 애써 웃음 띤 얼굴로 춤을 추지만 곧 이마에서 땀이 흐르고 숨이 차오른다.

하지만 코코는 달랐다. 어떤 동작도 마음껏 움직일 수 있었다. 마치 한 마리 새처럼 우아하게 때로는 미끄러지듯 홀 안을 휘저었다.

이제 코코를 보고 비아냥거렸던 여자들이 한없이 부러운 표정으로 코코를 바라보았다. 더 이상 코코의 모습이 촌스러워 보이지 않았다. 자연스럽고 편안해 보였다. 또 더없이 우아했다.

코코 샤넬은 그렇게 세상을 향해 걸어 나오고 있었다. 때로는 충격적으로 때로는 자연스럽고 편안하게, 그리고 고급스럽고 우아한 모습으로…….

그녀는 관습과 전통의 틀을 깨고 격정의 시대 중심으로 다가서고 있었다.

수녀원에서 자란 가브리엘 샤넬

　가브리엘 샤넬은 1883년 장돌뱅이 아버지와 시골 출신인 어머니 사이에서 사생아로 태어났다. 샤넬 가족은 장돌뱅이인 아버지를 따라 이 지방 저 지방을 옮겨 다니며 살았다.
　하지만 가브리엘의 아버지는 집안일에 대해선 관심이 없었다. 아이들을 돌보고 먹여 살리는 건 온전히 어머니의 몫이었다.
　어머니는 힘든 육체노동을 견디며 악착같이 움직였지만 살림은 나아질 기미가 보이지 않았다. 그사이 어머니의 몸도 병이 들어가고 있었다.
　어머니의 병은 점점 심해져 갔고, 가브리엘이 열두 살 되던 해에 샤넬 남매들을 남겨둔 채로 침대 위에서 쓸쓸히 숨을 거두었다.
　그런 어머니의 죽음은 어린 가브리엘에게 마음속 깊이 상처로 남았고 가끔씩 몽유병의 형태로 나타났다.
　어머니가 세상을 떠나자 가족을 돌볼 여력이 없던 아버지는 두 아들

알퐁스와 루시앵을 농장의 머슴으로 보냈고, 나머지 세 딸 쥴리아, 가브리엘, 앙투아네트를 오바진의 수도원으로 데리고 갔다.

커다란 건물과 두꺼운 장벽으로 둘러싸인 오바진 수도원은 당시 프랑스에서 가장 큰 고아원이었는데 수녀들에 의해 엄격한 규율로 운영되고 있었다.

세 딸들을 태운 마차가 커다란 수도원 안으로 들어섰다. 이윽고 마차의 문이 열리고 세 딸들이 마차에서 내렸다.

그들 앞에는 시커먼 수녀복으로 무장한 수녀 몇 명이 무표정한 모습으로 서 있었다.

아버지는 까만 눈동자로 자신을 물끄러미 바라보고 있는 가브리엘에게 말했다.

"아빠가 꼭 다시 데리러 올게. 약속하마."

아버지는 그 말을 남기고는 도망치듯이 마차에 올라 사라져 버렸다.

가브리엘은 그 약속을 믿었다. 몇 년이 지나 수녀원을 나올 때까지 일주일에 한 번 있는 면회 시간이 되면 그녀는 회당 앞에서 아버지를 기다렸다. 날이 저물어 더 이상 면회하는 사람이 없을 때까지 그녀는 그렇게 서 있었다.

하지만 아버지는 가브리엘이 수녀원을 나갈 때까지 한 번도 나타나지 않았다.

수녀원에서의 생활은 엄격했다.

주된 일과는 기도와 합창, 바느질과 자수, 가사 같은 것이었다.

이렇게 지루하고 또 시시한 일상이 계속 이어졌다.

훗날 패션의 아이콘으로 시대를 바꿀 가브리엘은 아이러니하게도 바느질을 그리 좋아하지 않았다. 마치 꽉 막힌 수녀원의 생활처럼 정해진 옷감에 정해진 방식대로 옷감을 기워 내는 일은 단순한 노동뿐이었다.

그렇다고 해서 가브리엘이 바느질과 자수 솜씨가 나빴던 것은 아니었다.

곧 겨울이 몰려드는 늦은 가을날이었다.

바느질과 자수에 관한 수업을 맡고 있던 수녀가 감기 때문에 수녀원에 나올 수 없었다. 아이들은 모두 입을 다문 채 각자 자리에 앉아 자수를 하고 있었다.

"얘들아, 이것 좀 봐! 정말 웃기지 않니?"

한 소녀가 가브리엘의 언니인 쥘리아가 놓고 있던 자수를 뺏으며 소리쳤다.

그 소녀는 다이애나란 이름을 가진 아이였는데 가브리엘보다 두세 살쯤 위였다. 그녀는 샤넬 자매들을 시골 출신의 무지렁이라며 틈만 나면 놀려 대곤 했다.

"이게 장미란다. 보여? 시골 장미는 이렇게 생겼나 보지?"

다른 학생들에게 쥘리아의 자수를 흔들며 소리쳤다.

"하하하하! 그게 장미야?"

"무슨 말똥같이 생겼는데?"

아이들이 웃으며 소리쳤다.

쥘리아는 어찌할 줄 모른 채 얼굴이 새빨개진 채로 고개를 숙이고 있

었다. 자수를 배운 지 얼마 되지 않아서 아직은 서투른 쥘리아였다.

"돌려줘!! 그거 돌려주라구!"

가브리엘이 벌떡 일어서며 소리쳤다. 수녀원에 들어온 뒤로 거의 말이 없던 가브리엘이었기에 아이들은 동그랗게 눈을 뜨고 그녀를 바라보았다.

"흥! 비천한 시골 무지렁이 주제에! 너도 말똥 장미를 만든 거 아냐?!"

가브리엘 앞에서 다이애나는 팔짱을 낀 채로 입술을 치켜 세우며 말했다.

"하긴 뭐 너희들이 제대로 할 줄 아는 거나 있겠어? 어디 가서 하녀나 하면서 살면 다행이겠지."

"그래도 너보다는 나아!"

가브리엘은 새까만 눈동자로 다이애나를 노려봤다.

"뭐? 나보다 낫다구? 애들아, 들었어?"

다이애나는 어이없다는 듯이 빈정거렸다.

"그럼 수녀님도 안 계시는데 둘이 시합하는 게 어때? 어느 쪽이 나은지 말이야. 진 사람은 일주일 동안 화장실 청소를 하는 거야!"

다른 아이가 나서며 제안을 했다.

"와! 그거 재밌겠는데!!"

아이들이 박수를 치며 소리를 질렀다.

교실 안의 아이들은 시합이 벌어진다는 사실만으로도 흥분의 도가니였다.

"지금부터 점심시간까지 너희 둘이서 장미를 가지고 자수를 뜨는 거야. 그리고 공정하게 둘을 비교한 다음, 아이들에게 많은 표를 얻은 사람이 이기는 걸로 하고 말이야. 어때?"

시합을 제안했던 아이가 가브리엘과 다이애나의 얼굴을 번갈아 보며 말했다.

"뭐, 안 될 거 없지. 난 좋아. 대신 화장실 청소는 반드시 혼자서 해야 돼!! 그것도 번쩍번쩍 윤이 나게 말이야!!"

다이애나가 가브리엘의 얼굴 앞으로 머리로 받을 듯이 고개를 내밀며 말했다.

그렇게 가브리엘과 다이애나의 자수 시합이 벌어졌다.

화장실을 혼자서 청소하는 건 쉬운 일이 아니었다. 지독한 냄새도 그렇거니와 넓은 화장실을 일일이 청소하려면 몇 시간은 족히 걸릴 것이었다.

하지만 가브리엘에게 그런 건 안중에도 없었다. 툭하면 다이애나가 가브리엘뿐만 아니라 그녀의 언니와 동생까지 대놓고 무시하는 걸 더 이상 용납하고 싶지 않았다. 화장실을 혼자 청소하는 한이 있어도 본 데를 보여주고 싶었다.

사실 이건 샤넬이 이길 수 있는 시합이 아니었다. 이미 몇 해 전부터 수녀원 생활을 해 온 다이애나였다. 그건 그만큼 자수를 오랫동안 해 왔다는 뜻이고 실제로 다이애나의 자수 솜씨는 좋았다. 그에 비해 가브리엘은 자수를 한 지 이제 불과 몇 달이 되지 않았다.

다이애나는 벌써 능숙한 손놀림으로 장미를 그려 넣기 시작했다. 그녀가 한 땀씩 정교하게 장미 문양을 새겨 가는 동안 가브리엘은 물끄러미 자수를 놓을 천을 바라보고만 있었다.

가브리엘의 언니와 동생이 도와줄 수도 없었다. 온전히 가브리엘이 감당해야 할 몫이었다.

그렇게 한참 동안 천을 바라보던 가브리엘이 자수를 놓기 시작했다.

어차피 정교하게 무늬를 새겨 놓는 것으로는 다이애나를 이길 수가 없다. 아직 그 정도 솜씨도 되지 않거니와 지금의 실력으론 시간 내에 끝내지도 못할 것이다.

그렇게 생각한 가브리엘은 정교한 무늬 대신 이미지를 그려 넣을 결심을 했다. 일종의 상징처럼 단순하지만 한눈에 장미임을 알아볼 수 있는 모양을 만들어 갔다.

지금껏 그런 이미지는 한 번도 본 적이 없었다. 다만 가브리엘은 장미를 떠올리며 장미가 주는 인상을 감각적으로 그려 내었다.

가브리엘은 완전히 몰두해 있었다.

그리하여 점심시간이 되었을 때, 가브리엘은 떠오른 장미의 이미지를 선명하게 형상할 수 있었다.

교실 안의 아이들은 둘의 시합에 완전히 빠져 있었다. 둘이 만들어 낸 결과물을 보고 싶어서 안달이 날 정도였다.

시합을 주선했던 아이가 가브리엘과 다이애나로부터 자수를 놓은 천을 받아 들고 앞으로 나갔다.

"지금부터 둘의 자수를 공개할 테니 잘 보기 바라. 그리고 잘했다고 생각하는 한쪽을 선택해 줬으면 좋겠어!"

아이들이 흥미로운 표정으로 앞을 주시하고 있는 동안 가브리엘은 홀가분한 표정으로 앉아 있었다.

"먼저 다이애나가 만든 것이야!"

다이애나가 만든 자수 천이 펼쳐졌다.

"와, 예쁘다!"

다이애나의 자수를 본 아이들이 탄성을 질렀다.

펼쳐진 천 중앙에 선명하고 정교한 장미 한 송이가 피어 있었다. 흠잡을 데 없는 솜씨였다. 다이애나는 이미 이겼다는 듯한 표정으로 앉아 있었다.

'비천한 주제에 감히 나에게 도전을 해!!'

다이애나는 수녀원에 있는 대부분의 아이들을 비천하다고 생각했다. 하지만 자신은 그들과는 출신 성분부터 다르다고 믿었다. 자신은 함부로 넘볼 수 없는 귀족 출신이지만 사정에 의해 이런 곳에 있을 뿐이라고 말이다.

그런 다이애나에게 시골뜨기에다가 비천한 출신인 샤넬 세 자매는 늘 눈에 밟히는 존재였다. 그들과 같이 생활하고 비슷한 대우를 받아야 한

다는 것이 마음에 들지 않았다.

"자, 다음은 가브리엘이 만든 것이야!!"

드디어 가브리엘이 만든 자수가 펼쳐졌다.

손수건 크기의 천 한쪽 구석에 장미의 이미지를 형상화한 단순한 형태의 문양이 새겨져 있었다.

"엥? 뭐야, 그건!"

가브리엘의 자수를 본 아이들의 표정은 실망감을 넘어 조롱 섞인 표정으로 바뀌어 갔다.

"저거 장미야? 발로 떠도 저것보다 낫겠다!!"

"그러게. 정말 웃기게 만들었잖아, 하하하!!"

승패는 이미 결정된 거나 마찬가지였다.

가브리엘이 벌떡 자리에서 일어나더니 교실 뒤쪽으로 걸어갔다. 그리고는 구석에 놓여 있던 화장실 청소용 대걸레와 물통을 들고 교실 밖으로 걸어갔다.

"깨끗하게 청소해. 조금 있다 확인하러 갈 테니까!"

교실 밖으로 걸어 나가는 가브리엘의 등 뒤에 대고 다이애나가 소리쳤다.

앞으로 일주일 내내 화장실 청소를 하는 동안 다이애나가 가브리엘을 괴롭힌다고 생각하니 가브리엘의 언니와 동생은 가슴이 아파 왔다.

화장실은 냄새가 지독했다. 앞으로 일주일 동안 가브리엘은 이 지독한 냄새 속에서 몇 시간씩 청소를 해야 했다.

하지만 가브리엘은 졌다고 생각하지 않았다. 그건 아이들이 자신이 만들어 낸 이미지를 보고 느낄 줄 모르기 때문이라고 생각했다.

 모양을 똑같이 만들어 내는 건 누구나 할 수 있는 일이다. 그렇지만 이미지를 형상화한다는 건 재능과 감각이 없으면 불가능한 일이다. 가브리엘은 그러한 사실을 본능적으로 깨닫고 있었다.

 실제로 가브리엘이 화장실 청소를 하는 일주일 동안 묘한 일이 일어나고 있었다. 수녀원의 아이들은 장미꽃을 생각할 때마다 가브리엘이 만든 이미지가 떠올랐고 하나둘씩 자신의 손수건에 그녀가 만든 이미지를 수놓기 시작했다. 손수건 한쪽 구석에 자리 잡은, 단순하지만 선명한 장미 문양이 더없이 깜찍하고 예뻤던 것이다.

 마침내 가브리엘이 일주일 동안의 화장실 청소를 끝냈을 땐 아이들 대부분이 그녀가 만든 장미 문양이 새겨진 손수건을 가지고 있었다. 마치 유행처럼 수도원 전체로 퍼져 나갔던 것이다.

 다이애나는 가브리엘이 만든 문양이 새겨진 손수건을 볼 때마다 찢어 불태워 버리고 싶은 충동을 느꼈다. 결국 시합에서 진 건 가브리엘이 아니라 다이애나란 사실을 증명하고 있었기 때문이다. 다이애나는 참담함에 몸을 떨었고 반드시 이 느낌을 가브리엘에게 돌려주리라 다짐했다.

 하지만 그 일이 있은 후 얼마 지나지 않아 다이애나는 수녀원을 떠나게 되었다. 그녀가 가브리엘 샤넬, 즉 코코 샤넬을 다시 만나게 된 건 몇 년이 흐른 후였다.

"어쩔 셈이야?"

"뭘?"

가브리엘이 잡지를 뒤적거리며 아드리엔에게 되물었다.

샤넬 자매들은 방학이 시작되면 비시에 있는 할아버지 댁을 방문했다. 엄격하고 지루한 수녀원 생활 속에서 그나마 가브리엘이 마음껏 숨을 쉴 수 있는 건 방학 때였다. 그곳에서 그녀는 고모인 아드리엔과 친구처럼 지냈다.

아드리엔은 가브리엘의 고모였지만 둘은 나이가 비슷했다.

가브리엘과 아드리엔이 친구처럼 지내게 된 데에는 단지 나이가 비슷했기 때문만은 아니었다. 사실, 그들은 서로 많이 달랐다.

가브리엘이 중성적인 느낌이 강한 반면 아드리엔은 훨씬 여성적인 외모를 갖고 있었다. 성격 또한 가브리엘이 까칠하고 어두운 느낌이라면 아드리엔은 따뜻하고 밝은 쪽이었다.

하지만 이렇게 다른 면이 오히려 둘을 친하게 만들었는지 모른다. 서로 부족한 점을 채울 수 있을 테니까 말이다.

"수녀가 될 건지 이제 선택해야 되잖아."

아드리엔은 궁금한 표정으로 가브리엘을 바라보았다. 오바진 수녀원에서는 열여덟 살이 되면 수녀가 되든지 아니면 그곳을 나오든지 선택해야 했기 때문이다.

가브리엘은 대답 대신 잡지책을 덮고 아드리엔을 바라봤다.

"아드리엔. 난 수녀 같은 건 눈곱만큼도 관심이 없어."

가브리엘이 단호한 어조로 말했다.

"방학이 끝나면 난 수녀원을 나올 거야. 그래서 물랭으로 갈 거야!"

"뭐? 물랭?!"

"왠지 알아? 난 평범한 삶을 살지 않을 거니까!! 무엇을 할 것인지는 아직 정하지 않았지만 그게 무엇이든 난 최고가 될 거니까!!"

가브리엘은 선언하듯 단숨에 말했다.

그랬다. 가브리엘은 수녀로 산다거나 결혼을 하여 시골구석에서 평범한 촌부의 아내로 살아갈 생각은 추호도 없었다.

해가 바뀌면 1900년이 될 터였다.

1900년은 격동의 시대였다. 18세기 중엽부터 시작된 산업혁명으로 유럽뿐만 아니라 전 세계가 이러한 소용돌이에 휩싸여 있었다.

사회는 빠른 속도로 변화했다. 오랫동안 사회를 유지해 왔던 신분제도가 무너지고 있었고 그 자리를 산업혁명으로 돈을 번 신흥 자본가들이 속속 메워 나갔다.

프랑스는 풍요와 평화, 그리고 예술과 문화를 만끽하고 있었다. 능력과 기회만 주어진다면 누구든 최고의 상류층이 될 수 있었다. 최고가 된다는 건 어느 분야에서건 성공을 의미했고 당당히 상류층의 일원이 된다는 걸 의미했다.

가브리엘 샤넬은 언젠가부터 늘 성공을 꿈꿨다. 수녀원의 생활이 엄격하고 지루할수록 그녀의 마음속엔 자유와 화려함이 커져만 갔다. 하지만 지금의 가브리엘은 아무것도 가진 게 없는 시민계급의 여자일 뿐이었다. 신분제도의 높은 벽과 극심한 빈부의 격차 속에서 허덕이며 살아온 그녀였다. 그런 샤넬에게 최고가 된다는 건 무모하고 우스운 일일지도 모른다.

아드리엔은 가브리엘의 말이 무모하게 들리지 않았다. 그녀라면 반드시 그렇게 될 수 있을 것 같았다.

34

"나도 같이 가면 안 될까?"

아드리엔이 진지한 표정으로 물었다.

"뭐? 정말? 정말 같이 가고 싶어?"

사실 가브리엘은 아드리엔에게 같이 가자는 말을 하고 싶었다. 물랭으로 갈 결심은 했지만 아는 사람이라곤 한 사람도 없는 곳이기 때문이다. 외롭고 힘든 시간을 함께 할 친구가 필요했다.

하지만 가브리엘은 함께 가자는 말을 쉽게 할 수 없었다. 왠지 잘 지내고 있는 아드리엔을 꼬드기는 것 같았기 때문이다. 그런 마음을 아는 것처럼 아드리엔이 먼저 같이 가자고 하자 가브리엘은 뛸 듯이 기뻤다.

"좋아. 우리 둘이 같이 가는 거야!"

가브리엘이 아드리엔의 손을 잡으며 말했다.

"그래!"

아드리엔 역시 힘차게 가브리엘의 손을 잡았다.

"우리 둘이서 반드시 물랭, 아니 프랑스 최고가 되는 거야!!"

아드리엔의 손을 꽉 잡고 소리치는 가브리엘의 눈동자가 밤하늘의 북극성처럼 반짝거렸다.

내 이름은 코코 샤넬

　물랭은 파리 남쪽에 위치한 곳으로 상업이 발달한 부유한 도시 중에 하나였다. 시골과는 비할 수도 없는 많은 건물과 다양한 사람들로 넘쳐났다.
　물랭에 도착한 가브리엘과 아드리엔은 잔뜩 들뜬 모습으로 온종일 물랭의 거리를 돌아다녔다. 가브리엘의 눈엔 물랭의 모든 것이 새로웠다. 금방이라도 이 도시의 주인공이 될 수 있을 것 같았다.
　하지만 가브리엘과 아드리엔이 가진 거라곤 겨우 쪽방을 하나 빌릴 수 있는 게 전부였다.
　아드리엔은 방을 구하긴 했지만 앞으로 어떻게 살아가야 할지 막막하기만 했다.
　"휴…… 앞으로 뭘 하지?"
　아드리엔이 근심 어린 표정으로 말했다.

"걱정할 거 없어. 설마 산 입에 거미줄이야 치겠니?"

"여기서 우리가 할 수 있는 게 없잖아."

"없긴 왜 없어? 여긴 널린 게 일거리인데. 찾아보면 분명히 멋지고 우아한 일을 할 수 있을 거야."

가브리엘은 전혀 걱정이 없는 듯한 느긋한 표정으로 말했다.

하지만 가브리엘의 기대와는 달리 일을 찾는 건 쉽지 않았다. 물랭엔 시골뜨기인 그녀가 할 수 있는 멋지고 우아한 일 따윈 없었다. 며칠을 돌아다닌 끝에 둘은 겨우 의상실의 아르바이트 자리를 얻을 수 있었다. 오랫동안 수도원에서 배운 바느질과 자수 실력이 있었기에 그나마 가능한 일이었다.

두 소녀는 온종일 방 안에 틀어박혀 의상실에서 가져온 옷들을 수선해야 했다. 재봉틀을 돌리고 바느질을 하다 보면 어느새 어두워졌다. 밤을 새야 할 때도 많았다.

그들은 열심히 일을 했지만 받는 돈은 얼마 되지 않았다. 집세를 내고 나면 늘 생활비에 쪼들렸다. 하지만 가브리엘은 꿈을 포기하지 않았다. 일이 힘들고 생활이 가난할수록 성공하고 싶은 열망은 커져만 갔다.

가브리엘은 주말이 되면 아드리엔을 끌고 밖으로 나와 물랭의 거리를 산책하며 사람들의 모습을 관찰했다. 우아한 사람들의 걸음걸이는 물론 그들이 말을 하는 태도와 습관 등을 따라하며 배워 나갔다.

"어때, 아드리엔? 좀 세련돼 보여?"

가브리엘은 자신이 관찰한 모습을 재연해 보며 물었다.

"글쎄 그런 것 같기도 하고. 그런데 왜 그런 걸 따라하는 거야?"

"따라하는 게 아니고 배우는 거야."

"배우는 거?"

아드리엔이 의아한 표정으로 되물었다.

"저기 저 사람들 보여?"

가브리엘이 화려한 옷을 입고 모자를 쓴 채 산책을 하며 걸어가고 있는 여자 둘을 가리켰다.

"저 여자들 어때 보여?"

"어때 보이다니?"

"그냥 겉으로 보이는 느낌 말야."

"음……. 좀 세련돼 보이고 우아해 보이기도 하고, 교양 있어 보이기도 하고……."

아드리엔이 여자들을 보며 말했다.

"왜 그런 느낌이 드는 것 같니?"

"왜냐구? 그거야……. 그게 그러니까…… 옷 때문인가?"

아드리엔이 자신 없는 듯이 더듬거렸다.

"물론 옷도 중요해. 하지만 더 중요한 건 행동이야."

"행동?"

"그래. 걸음을 걷는 방식만으로도 보는 사람들의 느낌은 달라질 수 있어. 말을 어떻게 하는지, 표정을 지을 때는 어떻게 해야 자연스럽고 예뻐 보이는지에 따라 말이야."

가브리엘은 또랑또랑한 목소리로 말을 이었다.

"사람들은 첫인상만으로 그 사람의 지위나 위치를 판단하는 습관이 있거든. 그러니까 성공하기 위해선 남들에게 어떻게 보이는지도 중요해. 가난해 보이면 그만큼 무시를 하는 법이거든."

아드리엔은 마치 뭔가에 맞은 사람처럼 멍하니 가브리엘을 바라보았다.

늘 일에 쫓기는 건 아드리엔과 가브리엘 둘 다 마찬가지였지만 가브리엘은 자신과는 달리 선명한 목표가 있었을 뿐만 아니라 그 목표에 다가서기 위해 끊임없이 노력하고 연구하고 있다는 걸 느꼈기 때문이었다.

"집세를 내고 남은 돈 있지?"

"응? 응, 조금."

"따라와. 갈 데가 있으니까."

가브리엘은 아드리엔의 손을 잡고 고급스러워 보이는 찻집으로 갔다.

찻집 안에는 귀부인이나 귀족 출신으로 보이는 여인들이 앉아서 차를 마시고 있었다.

"여긴?"

아드리엔은 어리둥절한 표정으로 찻집 안을 둘러보았다.

"찻집이야. 파리 사람들은 차를 마시는 게 유행이래."

"파리? 설마 너 파리에 갈 생각이야?"

"당연하지. 아직은 아니지만 언젠가 때가 되면 꼭 갈 거야. 그러니까 차를 마시는 사람들을 잘 봐 둬야 해. 파리에 갔는데 차를 어떻게 마시는지 모르면 곤란하지 않겠어?"

가브리엘은 확신에 찬 어조로 분명하게 말했다.

가브리엘은 이곳에 온 적이 있었는지 아니면 이곳을 관찰해 둔 적이 있었는지 자주 와 본 사람처럼 창가 쪽 자리에 앉아 능숙하게 메뉴판을 갖다 달라고 주문했다.

하지만 메뉴판에 적힌 찻값을 보고 아드리엔은 기겁을 했다.

"뭐…… 뭐야? 집세를 내고 남은 생활비를 다 줘야 되잖아!!"

"알아."

"그런데도 차를 마시겠다는 거야! 그럼 우린 한 달 동안 굶어야 돼!"

아드리엔의 말처럼 찻값을 내고 나면 주머니는 텅 비어 버릴 것이다. 돈 한 푼 없이 이 도시에서 산다는 건 끔찍한 일이었다.

물론 가브리엘도 그 사실을 잘 알고 있었다. 그런데도 그녀는 아무 걱정이 없는 표정으로 차를 주문했다.

"이건 그냥 차를 마시는 게 아니야. 말하자면 공부를 한다고나 할까. 투자인 셈이지."

가브리엘은 찻잔을 들어 마치 귀부인처럼 우아한 모습으로 차를 마셨다.

하지만 아드리엔은 차를 마실 수가 없었다. 돈 없이 지내야 한다는 걱정이 온통 머리를 가득 메웠다.

"얼굴을 보니 생활비를 걱정하고 있군."

"당연하잖아. 당장 내일 먹을 빵 살 돈도 없는데."

아드리엔은 정말 근심 어린 목소리로 대답했다.

"걱정할 거 없어. 나 내일부터 카페에서 노래를 부르기로 했거든."

"노래?"

아드리엔은 깜짝 놀랐다.

"난 가수가 될 거거든! 그래서 카페에서 노래를 하기로 했어. 아직은

큰 무대에 설 수 있는 실력이 안 되지만 카페에서 노래를 하며 실력을 쌓으면 반드시 유명한 가수가 될 수 있을 거야."

당시는 아름다운 시절이라 불리던 벨 에포크*의 절정기였다.

거리에는 예술가들로 넘쳐 났고 광장이나 카페에선 연일 음악회나 댄스파티가 열렸다.

무대에 서는 가수들은 많은 사람들의 환호와 박수를 받았고, 그중에 실력이 있는 가수들은 신문과 잡지에도 소개될 정도로 많은 인기를 끌었다. 말하자면 대중들의 스타인 셈이다.

가브리엘은 많은 사람들의 박수와 환호 속에서 화려한 의상을 입고 노래를 부르는 가수들을 볼 때마다 동경에 사로잡혔다. 자신도 노래를 부르고 싶었고 박수와 인정을 받고 싶었다.

그래서 가브리엘은 로통드 카페를 찾아가 지배인 앞에서 노래를 불렀다. 그녀의 노래를 들은 지배인은 다행히 단역으로 쓰겠다고 했다. 솔로 가수들이 노래하는 중간마다 출연하여 공백을 메우는 것이 단역의 역할이었다.

가브리엘은 기꺼이 단역을 받아들였다. 아직 유명한 가수들만큼 실력이 뛰어나지 않다는 것을 잘 알고 있었기 때문이다. 그녀는 이것이 유명한 오페라 가수로 도약할 수 있는 첫 번째 계단이라고 믿었다.

벨 에포크 – 19세기 말에서 20세기 초에 걸쳐 파리에서 유행한 시대로, 예술·문화가 최고로 번창하던 시기를 말한다.

로통드 카페는 많은 사람들로 북적거렸다.

가브리엘은 노래를 부르는 가수의 샹송에 맞춰 춤을 추고 더러는 무대 앞쪽에서 박수를 치거나 노래를 따라 불렀다.

이제 곧 가브리엘이 무대에 오를 차례가 가까워지고 있었다. 시간이 가까워 올수록 가브리엘은 가슴이 두근거렸다.

사실 지금까지 가브리엘은 단 한 번도 무대에서 노래를 불러 본 적이 없었다. 비록 그 숫자가 수백 명은 아니지만 카페를 가득 메운 사람들이 자신을 쳐다본다는 생각에 두려운 생각마저 들었다.

'실수를 하면 어떡하지? 박자를 놓치거나 혹시 무대에서 넘어지기도 한다면?'

불길한 생각들로 가브리엘은 더욱 무대에 서는 게 두려워졌다. 차라리 다 포기하고 여기서 도망치고 싶은 마음뿐이었다.

몇 분 후 지배인이 가브리엘의 이름을 불렀다. 샤넬이 무대에 나갈 차례인 것이다.

대기실에 있던 다른 10여 명의 단역들이 가브리엘을 바라보았다. 그들은 이것이 가브리엘의 데뷔 무대라는 걸 잘 알고 있었지만 그녀가 무대에 오르지 못할지도 모른다고 생각했다.

그들 대부분은 설령 가브리엘이 무대에 오른다고 해도 엉망으로 노래를 부를 것이며 지금 포기하고 집으로 갈지도 모른다고 생각했다. 처음으로 무대에 오를 때의 두려움을 누구보다 잘 알기 때문이었다.

"가브리엘, 뭐하는 거야. 네 차례라니까!!"

지배인이 다급하게 가브리엘을 재촉했다.

가브리엘은 눈을 감은 채로 자신의 손을 꽉 쥐었다.

'난 가브리엘 샤넬이야! 앞으로 최고의 오페라 가수가 될 샤넬이라구! 그러니까 이까짓 것쯤은 아무것도 아니야! 할 수 있어! 왜냐하면 난 샤넬이니까!!!'

"가브리엘!! 뭐하는 거냐니까?!!"

지배인이 신경질적으로 고함을 질렀다.

"아아함……. 벌써 제 차례예요? 기다리는 게 지루해서 깜박 졸았지 뭐예요."

가브리엘이 아무렇지도 않은 듯 여유 있는 모습으로 가볍게 하품을 하며 일어섰다.

"들었어? 오늘 처음 무대에 서는 것 같은데 깜박 졸았대."

"그러게 말이야. 난 처음 무대에 설 때 다리가 후들거리던데 어떻게 저럴 수 있지?"

"내 말이! 왠지 보통내기가 아닐 것 같은데."

단원들이 대기실을 나서는 가브리엘을 보며 소곤거렸다.

가브리엘은 언제 어디서나 당당하게 보이고 싶었다. 비록 마음은 두려움에 떨고 있을지라도 표정만큼은 자신감이 넘쳐흐르고 싶었다. 약해 보이는 게 죽기보다 싫었기 때문이다. 그것이 가브리엘 샤넬의 자존심이었다.

그녀는 '코코리코'와 '누가 코코를 보았는가' 라는 두 곡의 노래를 부를 예정이었다. '코코리코'는 꼬꼬댁꼬꼬를 뜻하는 프랑스의 의성어로 애국자들의 외침을 상징하는 경쾌한 노래였다.

무대에 선 가브리엘은 마음속의 두려움을 억누르고 자신 있고 당당하게 노래를 불렀다. 무대를 오르기 전에 준비한 약간의 율동과 함께 경쾌하게 노래를 불렀다.

그 모습은 카페 안에 있던 사람들을 흥겹게 했다. 하나둘씩 가브리엘의 모습을 흉내 내며 노래를 따라 불렀다.

두 번째 노래를 할 땐 카페 안에 있는 대부분 사람들이 노래를 따라 부르며 박수를 쳤다.

그때부터 사람들은 가브리엘을 코코라고 부르기 시작했다.

코코 샤넬이라는 이름은 그렇게 탄생한 것이다.

세상을 향해 한 걸음 내딛다

얼마 지나지 않아 로통드에서 코코는 꽤 인기가 있었다.

로통드를 드나드는 남자들은 물론 코코의 소문을 들은 사람들까지 코코의 모습을 보기 위해 로통드로 몰려들었다.

그중엔 에티엔 발장도 있었다. 가끔씩 로통드에 들렀던 발장이 노래를 부르는 묘한 매력의 코코를 보았던 것이다.

발장은 코코를 보기 위해 하루가 멀다 하고 로통드를 찾았고, 덕분에 훗날 휴양도시 비시에서 코코와 친구가 될 수 있었다.

로통드에서 어느 정도 인기를 끌긴 했지만 코코는 그것에 만족할 수 없었다. 그녀는 본격적인 성악 공부를 위해 물랭에서 50여 킬로 떨어진 비시로 가기로 마음먹었다.

작은 파리로 불리는 비시는 온통 예술가들의 도시였고 많은 외국인들이 거주하는 국제 도시였다. 그곳에서 코코는 바느질로 번 돈을 전부 성악 수업에 쏟아 부었다. 바느질을 하는 작은 방에서 코코는 이를 악물고 노래 연습을 했다.

  그렇게 몇 달이 지났다.
  그사이 비시에서의 생활을 못 견딘 아드리엔이 고향으로 돌아가 버리고 코코 혼자 남겨졌다. 코코는 홀로 더욱 음악 연습에 몰두했다.
  드디어, 코코는 그동안의 성악 수업을 평가 받게 되었다.
  코코는 성악 선생님 앞에서 혼신의 힘으로 노래를 불렀다.
  노래를 끝낸 코코는 과연 어떤 평가를 받을지 가슴이 두근거렸다.
  코코의 노래를 들은 선생님은 잠시 고민하는 것 같더니 이내 결심한 듯 코코를 똑바로 보며 말했다.
  "코코. 성악은 카페에서 부르는 노래와 달라. 네 목소린 성악에 어울리지 않아. 차라리 바느질을 하거나 카페에서 노래 부르는 게 나아!!"
  쿵!!
  코코는 머리 위로 커다란 바위가 떨어지는 것 같은 충격을 느꼈다. 갑자기 땅이 꺼지고 깊은 낭떠러지로 떨어지는 것만 같았다.
  그 옛날 수녀원 입구에 코코를 내려놓고 사라져 가는 아버지의 마차가 떠올랐다. 아버지의 마차가 그랬듯이 가수에 대한 희망도 코코의 눈앞에서 사라져 버렸다.
  자꾸만 눈물이 쏟아져 내렸다. 아버지가 자신을 버렸다는 사실을 알면서도 주말이면 면회실에서 하루 종일 아버지를 기다리며 울지 않았던 코코였다. 눈물 같은 건 절대 흘리지 않으리라 다짐했던 코코였다.

48

'다시 도전해 볼 수도 있지 않을까?'

바느질감이 가득한 작은 방에서 눈물을 흘리면서 코코는 그런 생각을 해 보았다. 하지만 선생님이 그렇게 단호하고 야멸치게 이야기한 건 자신을 포기시키기 위한 것임을 알고 있었다.

재능이 없었던 것이다.

재능이 없다 해도 노력하면, 죽을 만큼 노력하면 어느 정도까지는 될 수도 있겠지만 최고는 될 수 없다. 최고가 되기 위해선 노력도 필요하지만 재능도 있어야 한다는 걸 코코는 잘 알고 있었다.

자신에게 재능이 없다는 것, 아무리 노력해도 최고가 될 수 없다는 것이 코코를 슬프게 했다.

어제까지 보아 왔던 비시의 모든 풍경들이 낯설어 보였다. 카페에서 노래하는 일도 아무런 흥이 나지 않았다.

꿈을 잃는다는 건 슬프고도 괴로운 일이었다.

그런 코코에게 발장은 자신의 성이 있는 콩피에뉴로 갈 것을 제안했다.

이에 코코는 고개를 끄덕였다. 코코는 비시란 도시에 더 이상 있을 필요를 못 느꼈다. 이곳에 있으면 아무런 의욕도 생기지 않을 것 같았다.

루아얄리외.

콩피에뉴에 있는 커다란 말 사육장이 딸린 발장의 성 이름이다. 부모에게서 막대한 부를 물려받은 발장은 루아얄리외를 사들였다.

루아얄리외는 많은 방들과 파티를 즐길 수 있는 넓은 홀이 현대식으로 꾸며져 있었고, 무엇보다도 품종이 우수한 말들을 기를 수 있는 목장과

승마를 할 수 있는 넓은 들판이 있었다.

당시 승마는 귀족 계급이나 돈이 많은 부자들이 즐기는 레포츠였다. 발장은 루아얄리외에서 종종 경마를 열었는데 그때마다 많은 귀족과 부자들이 모여들곤 했다.

루아얄리외에 도착한 코코는 자신이 쓸 방으로 들어가더니 며칠이 지나도록 밖으로 나오지 않았다. 시간에 맞춰 하인이 맛있는 식사를 준비해 방으로 가져갔지만 대부분은 손도 대지 않았다.

발장은 코코가 걱정스러웠지만 달리 어쩔 도리가 없었다. 그때까지도 코코는 슬픔에 빠져 있었다.

시간이 흐르고…… 어느 날이었다.

침대에 누워 있던 코코는 미칠 듯한 허기를 느꼈다. 며칠 동안 아무것도 먹은 게 없으니 그럴 수밖에 없었다.

방 한쪽에 있는 탁자 위에 언제 가져다 놓은 건지 모를 식사가 가지런히 놓여 있었다.

코코는 침대에서 내려와 허겁지겁 식사를 했다.

'난 왜 이렇게 맛있는 식사를 지금껏 먹지 않았던 거지?'

정신없이 식사를 하던 코코는 문득 그런 생각이 들었다. 그러자 마치 마술처럼 주위의 풍경들이 눈에 들어왔다.

잘 꾸며진 넓고 화려한 방.

고급스러운 재질로 만들어진 커튼.

그리고 그 커튼 사이로 환하게 비추고 있는 햇살.

창 넘어 보이는 파란 잔디가 깔린 넓은 들판.

'내 주위엔 이렇고 멋있고 아름다운 것들이 많은데 왜 슬퍼하고 있는 거지?'

그녀는 이제 슬픔 따윈 날려 버릴 때가 된 거라고 생각했다.

분명히 내게도 어떤 재능이 있을 거라고, 때가 되면 나비가 화려한 날개로 하늘을 날아오르듯이 코코도 그럴 거라고 믿기로 다짐했다.

코코가 방문을 열고 나왔을 땐 어느새 예전의 모습으로 돌아가 있었다. 언제 그랬냐는 듯이 당당하고 자신감 넘치는 모습으로 말이다.

그랬다. 코코에겐 세상을 바꾸어 버릴 놀라운 재능이 숨어 있었고, 그 재능을 펼쳐 보일 시간이 가까워지고 있었다.

"코코, 부탁이 있는데 들어줄래?"

사브린느가 눈웃음을 지으며 물었다.

루아얄리외에서 열린 사교파티에서 커튼으로 드레스를 입고 난 후 코코는 그 곳을 드나드는 사람들에게 꽤 유명해졌다.

루아얄리외에서 지내는 동안 코코는 평소에도 모자를 직접 만들어 썼다.

당시에는 커다란 챙에 온갖 화려한 치장을 한 모자가 대부분이었는데 코코는 그런 스타일의 모자를 무척 싫어했다.

"저런 모자를 쓰면 고개가 부러져 버릴 거야."

코코는 늘 그렇게 말했다.

하지만 의상실이나 백화점엔 코코가 원하는 모자가 없었다. 어느 곳이나 챙이 넓고 커다란 모양에 갖가지 무늬로 치장한 모자뿐이었다.

결국 코코는 모자를 직접 제작하기로 작정하고 자신이 생각하는 스타

일의 모자를 몇 개 만들었다. 당시 모자들과는 완전히 다른 챙이 짧고 장식을 최소화한 심플한 느낌의 모자였다.

 루아알리외를 드나드는 여자들 사이에선 코코의 모자가 단연 화제였다. 노골적으로 싫어하는 여자들도 있었지만 대부분의 여자들은 참신하고 깜찍한 스타일에 감탄했다.

 그중에 사브린느라는 귀족 출신의 여자가 코코를 찾은 것이다.

 "그 모자 말이야. 내 것도 만들어 줄 수 있어? 물론 가격은 원하는 대로 줄 테니까."

 사브린느는 코코의 모자를 쓰고 싶었다.

 "얼마든지요. 근데 가격은 그리 많이 들지 않아요."

 코코는 대수롭지 않은 일이라는 듯이 말했다.

 "정말이야?! 약속한 거야!!"

 사브린느는 뛸 듯이 기뻐하며 소리쳤다.

 "아마 내일쯤엔 쓸 수 있을 거예요."

 "오오~ 코코 고마워! 절대로 이 은혜는 잊지 않을게."

 사브린느가 코코의 손을 잡고 감격에 겨워했다.

 "은혜랄 거까진 없는데."

 어린아이처럼 좋아하는 사브린느의 모습은 코코의 기분을 좋게 했다.

 같이 온 동료들에게 걸어가는 사브린느의 뒷모습을 보며 코코는 어떤 스타일의 모자가 어울릴지 머릿속에서 그려 보았다.

 '약간 몸집이 있고 얼굴도 좀 큰 편이니까 챙이 너무 작으면 오히려 얼굴이 더 커 보일 거야.'

코코는 구체적으로 머릿속에서 스케치를 하기 시작했다.

'챙은 얼굴이 작아 보일 수 있는 크기로 만들고, 문제는 장식인데…….'

골똘히 건물 주위를 걸으며 모자의 이미지를 스케치하고 있는 코코 앞으로 대여섯 명의 사브린느의 동료들이 몰려왔다.

"코코! 사브린느의 모자를 만들어 주기로 했다며?!"

"누군 만들어 주고 누군 안 만들어 줄 셈이야?"

"맞아. 나도 코코가 만든 모자를 쓰고 싶다구!"

"돈이라면 얼마든지 줄 수 있어!"

사브린느의 동료들이 저마다 따지듯이 말했다.

"그런 게 아니라 사브린느 말고는 아무도 모자를 만들어 달라고 안 했잖아요."

"그거야 혹시 말해도 안 만들어 줄 것 같아서."

"난 코코가 직접 만든 건지 몰랐다구!"

"지금 이야기했으니까 우리도 만들어 줄 거지?"

"우리도 만들어 달라니까, 코코!"

동료들이 코코를 둘러싸고 마치 협박하듯이 몰아붙였다.

"좋아요! 모두 만들어 드릴게요."

코코는 항복이라도 하는 듯이 말했다.

"와아! 정말이지? 우리도 만들어 주는 거지?!"

사브린느의 동료들이 함성을 지르며 좋아했다.

"그 대신 양이 많아서 시간은 좀 걸릴 거예요."

"우린 얼마든지 기다릴 수 있으니까 그건 걱정하지 않아도 돼!"

"당연하지. 코코가 만든 모자를 쓸 수 있다면 그 정도쯤은 아무것도 아니지, 안 그래?"

루아얄리외에서 그다지 할 일이 없던 코코는 원하는 사람들에게 모자를 만들어 주었다. 백화점이나 의상실에서 팔고 있는 모자를 사 가지고 와서 코코가 생각한 스타일로 다시 만드는 식이었다.

루아얄리외에서 코코의 모자는 유명해졌다. 모자를 원하는 사람이 점점 늘었고 코코는 더 많은 모자를 만들어야 했다.

루아얄리외에서는 사교파티 말고도 사람들이 많이 모이는 행사가 있었다. 승마 경주였다.

승마 경기가 열릴 때면 많은 사람들이 저마다 화려하게 치장을 하고 모여들었다.

코코는 승마 경기를 아주 좋아했는데 사람들을 관찰할 수 있는 좋은 기회라고 생각했기 때문이다. 그래서 경기가 열릴 때마다 관중석 한쪽에 앉아 사람들을 유심히 관찰했다.

당시는 바로크 스타일이 시장을 지배하고 있어서 갖가지 요란한 장식들이 달린 패션이 대부분이었다. 그중엔 색다른 패션을 한 사람들도 있었다.

코코는 그런 사람들의 패션을 보면서 혼자 점수를 매기곤 했다.

루아얄리외에서 지내는 동안 코코도 승마를 배웠다. 말 사육장이 있어 말을 탈 수 있는 기회가 많기도 했지만 무엇보다 말을 타고 초원을 달리는 게 무척이나 상쾌했다.

하지만 긴 치마를 입고 말에서 타고 내리는 일은 여간 불편하지가 않

앉다. 안장에 치마 끝이 들려져 속옷이 보인다거나 말 위로 올라탈 때에도 치마 때문에 다리를 쉽게 벌릴 수 없었다.

그에 비해 남자들은 바지를 입었기 때문에 그런 일이 없었다.

코코는 불공평하다고 생각했다. 똑같은 말을 타면서 어째서 남녀가 그런 차이를 겪어야 하는지 받아들일 수가 없었다.

코코는 승마복을 전문으로 취급하는 양복점을 찾아갔다. 그리곤 승마 정장과 바지를 세세하게 스케치한 그림을 재단사에게 내밀었다.

"이렇게 만들어 주세요."

"발장님이 새로운 승마복을 맞추시는가 보군요."

재단사는 스케치를 바라보면서 말했다.

양복점은 발장이 단골로 다니는 곳이라 재단사는 발장과 코코를 잘 알고 있었다.

"근데 발장님이 입기엔 좀 작은 거 같은데요."

"많이 작죠. 제가 입을 거니까요."

코코는 대수롭지 않은 표정으로 말했다.

"예에엣!! 코코님이 입으신다구요?! 이 바지를 말입니까?!!"

재단사는 코코의 말에 까무러치게 놀랐다.

당시만 해도 여자가 바지를 입는다는 건 있을 수가 없는 일이었다. 일종에 사회적인 금기 같은 것으로, 통이 넓어 치마처럼 보이는 나팔바지를 입고 자전거를 타던 여성이 경찰에게 잡혀 경고를 받고 풀려난 일도 있었다.

상황이 그럼에도 코코가 스케치한 승마 바지는 몸에 약간 붙게 디자인되어 있었다. 그러니 재단사가 기겁을 한 것도 무리는 아니었다.

코코가 자신이 디자인한 승마 바지를 입고 승마 경기장에 나타났을 때 사람들의 반응은 재단사와 별반 다르지 않았다. 놀라움 그 자체였다.

하지만 보이시한 승마 바지와 남성용 정장을 나름대로 변형한 재킷 그리고 짧고 깜찍한 모자로 마무리한 코코의 패션은 너무나도 매력적이었다. 그건 새로운 시대가 오고 있음을 알리는 전주곡과도 같은 것이었다.

새로운 패션과 새로운 아름다움!

코코가 그것을 몸소 증명하고 있었다.

사람들이 놀란 건 여자가 바지를 입은 파격 때문이 아니라 바지를 입은 여자의 매력 때문이었는지도 모른다.

코코의 재능은 송곳이 주머니를 뚫고 나오듯 하나둘씩 세상 밖으로 새어 나오고 있었다.

루아얄리외에서의 생활은 편하고 풍요로운 상류층의 삶이었다.

코코는 파티에 참석하거나 승마를 즐기고, 사람들이 부탁한 모자를 만들기도 했다.

하지만 코코는 무척이나 지루하고 따분했다. 코코의 가슴속에 숨어 있는 열정을 쏟을 만한 무언가가 그곳엔 없었다.

그러던 어느 날 에티엔 발장은 지루해하는 코코를 데리고 피레네 지방에 있는 포라는 곳으로 사냥을 갔다. 그곳엔 발장의 친구로 보이는 몇 명이 미리 기다리고 있었다.

코코는 그들 중 한 명에게 첫눈에 반해 버렸다.

그는 까무잡잡한 피부와 마치 동화 속에 등장하는 왕자같이 잘생긴 얼굴, 초록색의 눈동자를 가지고 있었다. 그 남자의 이름은 '보이'라는 애칭을 가진 아서 카펠이었다.

보이를 볼 때마다 코코의 심장은 요란하게 쿵쾅거렸고, 보이의 말투와 행동 하나하나가 코코의 가슴을 짜릿짜릿하게 했다.

주위의 풍경들이 숨이 멎어 버린 듯 아무것도 눈에 들어오지 않았다. 오직 보이뿐이었다.

코코는 난생 처음 사랑에 빠진 것이다.

영국 출신인 보이는 발장과는 모든 면에서 달랐다. 부모를 일찍 여의었을 뿐만 아니라 물려받은 것도 없었다. 그는 악착같은 노력으로 귀족 학교에서 엘리트 교육을 받았으며 젊은 나이에 석탄 수송 사업을 성공시킨 사업가였다. 그만큼 그는 야심이 많았고 적극적이었다.

보이도 역시 화려한 미인은 아니지만 묘한 매력을 지닌 코코에게 호감을 느꼈다.

하지만 사냥이 끝날 때까지 코코와 보이는 별다른 말을 하지 않았다.

코코는 보이에게 함부로 말을 할 수 없었다. 입을 여는 순간 자신의 감정을 모두 들켜 버릴 것만 같았다. 혹시 보이가 자신을 거절하기라도 한다면? 생각만으로도 끔찍한 일이었다. 차라리 침묵하는 편이 낫다고 생각했다.

보이는 호감을 느낀 여자에게 적극적인 남자였다. 그런데도 코코에게 침묵했던 건 코코 옆에 있는 발장 때문이었는지도 모른다. 코코가 발장의 성에서 지내고 있으니 발장의 여자라고 생각하면서 말이다. 하지만 정작 코코는 지금껏 발장을 좋은 친구 그 이상으로 생각해 본 적이 없었다.

코코가 그랬듯이 발장도 처음엔 코코를 친구처럼 생각했다. 하지만 코코와 같이 지내면서 마음 깊이 코코를 사랑하게 되었다. 발장은 그런 마음을 고백하고 싶었다. 하지만 코코가 자신을 친구 이상으로 생각하지 않는다는 걸 잘 알고 있었다. 아직은 좀 더 시간이 필요할 거라고 생각하고 그때까지 자신의 감정을 숨겨 두기로 마음먹었다.

사냥을 끝내고 루아알리외로 돌아와서도 코코는 온통 보이 생각뿐이었다. 마음 같아선 보이가 있는 영국으로 달려가고 싶었다. 파티도 승마도 모자를 만드는 것도 더 이상 흥미가 없었다. 마치 시들어 버린 꽃처럼 푹 처진 채로 하루를 보냈다.

'아…… 이제 더 이상 보이를 보지 못하면 어떻게 하지?'

코코는 건물 앞 정원 벤치에 앉아 깊은 한숨을 내쉬었다. 다시는 보이를 보지 못할 것만 같았다.

'기적이 일어나 보이가 내 눈앞에 있다면 얼마나 좋을까?'

코코는 눈을 감고 기도라도 하고 싶은 심정이었다. 하지만 그런 일은 일어나지 않을 거라는 걸 알기에 더욱 우울해졌다.

"아직 날이 쌀쌀한데 감기라도 들면 어쩌시려고 이런 곳에 나와 있는 건가요?"

우울하게 앉아 있는 코코의 뒤쪽에서 계시와도 같은 울림이 들려왔다.

'아…… 이 목소린……? 설마!!'

코코는 사냥터에서 짧게 인사를 나누던 보이의 목소리를 분명하게 기억하고 있었다. 그녀는 획 고개를 돌렸다.

"무슨 생각을 그렇게 골똘히 하고 있는 건가요?"

바로 미소 띤 보이였다. 코코의 가슴은 폭탄처럼 펑 터져 버릴 것 같았다.
'보이가 내 눈앞에 있어! 보이가!! 어떻게 이런 일이……?!!'
코코는 무슨 말을 어떻게 해야 할지 아무 생각도 나지 않았다.
"여긴 어떻게……?"
코코는 간신히 터져 버릴 것 같은 가슴을 억누르며 겨우 입을 열었다.
"음…… 사실은 전에도 여긴 간간이 왔었지요. 요즘엔 사업이 바빠져서 못 왔던 거구요. 지금부턴 자주 올 계획입니다."
보이는 어린 아이에게 설명을 하듯이 부드럽게 말했다.
"자주 온다구요? 그럴 만한 이유라도?"
"이유가 있지요. 이곳에 마음에 드는 여인이 살고 있거든요."
보이는 분명하고 당당한 표정으로 말했다.
그 순간 코코의 마음은 펑하고 터져 버렸고 온몸으로 주체할 수 없는 기쁨이 퍼져 나가는 것을 느꼈다. 코코의 얼굴엔 생기와 함께 미소가 넘쳐흘렀다.
성 2층 창가에서 발장은 그 모습을 바라보고 있었다.
발장은 사냥을 다녀온 후 코코에게 이상한 징후가 있다는 것을 눈치채고 있었다. 보이와 즐겁게 이야기하고 있는 코코의 모습은 발장에게 확신을 심어 주기에 충분했다.
코코가 사랑에 빠졌다는 것을!
갑자기 발장은 뜨거운 기운이 목구멍까지 치솟아 오르는 것을 느꼈다. 질투였다.
언제부터인가 자신이 코코를 사랑한다는 것을 안 순간부터 늘 그녀에

게 신경을 써 왔다. 편안하고 부유한 생활을 할 수 있도록 말이다. 그렇기에 더욱 그는 코코가 지금껏 돌봐 준 자신이 아닌, 다른 남자를 사랑한다는 사실을 쉽게 받아들일 수 없었다.

보이는 자신이 한 말처럼 루아얄리외를 찾는 횟수가 많아졌다. 이미 코코와 보이는 깊은 사랑에 빠져 있었다. 하지만 사랑이 깊어질수록 코코의 고민이 커져 갔다.

코코는 발장이 자신을 사랑하고 있다는 것을 잘 알고 있었다. 보이를 사랑하면서도 루아얄리외에서 지낸다는 것은 발장을 위해서도 좋은 일이 아니었다. 무엇보다도 사랑하는 보이를 볼 낯이 없었다. 그 사람에게 자신도 뭔가를 할 수 있다는 것을 보여 주고 싶었다.

언젠가 보이가 했던 말이 떠올랐다.

"코코, 난 코코를 볼 때마다 너무 안타까워. 코코에겐 남들에게 없는 엄청난 재능이 있어. 어째서 그 재능을 쓰려고 하지 않는 거지?"

보이가 말한 재능이란 모자를 만드는 것을 의미했다.

"아마도 코코가 가게를 연다면 분명히 성공할 거야. 내가 보증할게."

사실 코코는 모자를 만드는 건 누구보다도 자신이 있었다.

이제 결심을 해야 할 시간이 된 것이다. 보이를 위해서도 그녀 자신을 위해서도. 코코는 그렇게 루아얄리외를 떠나기로 마음먹었다.

그날 밤, 코코는 발장의 방을 찾았다.

"발장, 이제 여길 떠나야겠어요. 미안해요."

발장은 짐작하고 있었다는 듯 아무 말도 없이 코코를 바라보았다.

"그동안 신경 써 줘서 고마워요. 절대 잊지 않을게요."

"어디로 갈 셈이지?"

침울한 목소리로 발장이 물었다.

"파리로 가서 모자점을 열 계획이에요."

"다시 한 번 생각해 주지 않겠어, 코코? 이곳에서 나와 함께 있으면 안 돼? 지금처럼 말이야."

발장은 지푸라기라도 잡는 심정으로 말했다.

"오랫동안 생각한 거예요. 미안해요."

코코의 대답에 발장은 가슴 한쪽이 무너져 내리는 기분이었다.

코코와 보이의 사랑을 확인하는 순간 이런 날이 올 거라고 예상하고 있었지만 이별은 발장을 아프게 했다.

"모자점을 낼 거라고 했지? 파리 말셰르브 가에 건물이 있어. 거길 쓰도록 해."

코코는 발장이 가게를 낼 건물을 빌려 줄 거라고 예상하지 못했다.

사실 맨손이나 다름없는 코코가 가게로 쓸 건물을 빌리는 것은 만만한 일이 아니었다. 하지만 코코는 선뜻 대답할 수 없었다. 안 그래도 미안한 마당에 건물까지 빌려 쓸 순 없는 일이었다.

"그렇게 해, 코코. 내 마지막 선물이라고 생각해 줘."

"발장……."

발장은 결코 그녀가 돌아오지 않을 거란 걸 잘 알고 있었다. 그래서 마음은 아프지만 신사답게 그녀를 포기하기로 마음먹었다. 사랑은 집착하면 할수록 추해진다는 걸 잘 알고 있었기 때문이다. 그녀가 하고 싶은

걸 할 수 있도록 도와주는 것이 그동안의 사랑에 대한 배려라고 생각했다.

"그러고 보니 오늘이 마지막 밤이군."

발장이 홀가분한 표정으로 자리에서 일어섰다.

"마지막 밤이라……. 코코, 마지막으로 나와 함께 춤을 춰 주지 않겠소?"

발장은 정중히 허리를 숙여 인사를 하며 말했다.

"그럴게요!"

코코가 발장이 내민 손을 잡으며 자리에서 일어섰다. 그리고는 가볍게 발장의 허리를 다른 한 손으로 잡았다. 음악은 없었지만 발장과 코코는 춤을 추었다.

춤을 추고 있는 둘의 시선 속에서 지난 날들이 스쳐 지나갔다. 수많은 나날들이 둘의 머리 위로 쏟아져 내렸다. 다시 오지 않을 날들이…….

안녕…… 발장. 안녕…… 루아얄리외…….

샤넬, 그 전설의 시작

　모자점을 여는 건 생각처럼 쉬운 일이 아니었다. 신경 써야 할 것이 한두 가지가 아니었기 때문이다. 하지만 코코는 의욕에 넘쳐 있었다. 마치 물을 만난 고기처럼 생기가 넘쳐흘렀다.
　우선 모자점의 실내 인테리어를 직접 디자인하고 꼼꼼하게 인테리어 설치 작업을 감독했다.
　그리고 혼자서 모자를 만들고 가게를 운영할 수 없었기 때문에 직원을 고용해야 했다. 그중 첫 번째로 가게를 자기 일처럼 관리해 줄 사람이 있어야 했다. 이 일은 무엇보다도 믿을 수 있는 사람, 자신의 동생인 앙투아네트에게 맡겼다.
　문제는 재단사였다. 자신의 디자인을 흠잡을 데 없이 완벽하게 만들어 줄 꼼꼼한 재단사가 필요했다. 재단사의 손끝에서 품질이 결정 나기 때문이었다.

여기는 파리였다.

이미 많은 디자이너들이 모자를 만들고 있었다. 어설픈 실력이나 품질로는 발도 붙일 수 없다는 것을 코코는 잘 알고 있었다.

무엇보다도 코코는 자신이 만든 제품의 품질이 떨어지는 것을 용납할 수 없었다. 자신의 이름을 내걸고 파는 제품은 그저 심심풀이로 만들던 모자와는 차원이 달라야 한다고 생각했다.

결국 코코는 뤼시엔이라는 실력 뛰어난 재단사를 스카우트하는 데 성공했다.

이제 모든 준비가 끝났는데도 코코는 여전히 뭔가에 몰두해 있었다.

"내일이라도 오픈할 수 있을 것 같은데 왜 그런 표정이지?"

보이가 물었다.

"아직 한 가지가 해결되지 않았어요."

"한 가지가 남았다구?"

보이는 해결되지 않은 게 뭔지 다시 한 번 생각해 보았지만 그게 뭔지 알 수 없었다.

"간판에 쓸 이니셜이에요."

"그거라면 샤넬이라는 이름을 쓰기로 했잖아."

보이가 의아한 표정으로 물었다.

"맞아요. 하지만 그것만으로는 부족해요. 이름 앞에 어떤 마크가 필요해요. 마크만 보고도 우리 제품임을 한눈에 알아볼 수 있는 그런 거요."

그 당시만 해도 상표에 대한 개념은 별로 없었다. 그저 물건을 만들고 파는 게 중요했다.

상표를 생각한다는 건 단지 판다는 것 그 이상을 의미했다. 자신의 제품에 대한 자부심과 자신감의 표현이었고 다른 제품과의 차별성을 의미했다.

보이는 문득 코코에 대한 자신의 평가가 틀렸을지도 모른다고 생각했다. 모자를 잘 만드는 것뿐만이 아니라 사업적인 능력도 상당한 것이 아닐까란 생각이 들었다.

보이가 그런 생각에 빠져 있는 동안 코코는 무엇인가 생각난 듯이 종이에 도안을 그렸다. 코코 샤넬CoCo Chanel이라는 이름과 성의 첫 글자인 'C'를 앞뒤로 겹쳐 놓은 모양이었다. 샤넬을 뜻하는 상표는 그렇게 만들어졌다.

드디어 코코의 가게가 문을 열었다. 코코의 모자는 이내 사람들의 눈에 띄었다. 당시 사교계에서 제법 영향력이 있었던 보이와 발장이 사교계 사람들과 함께 가게를 자주 찾았다.

이미 전부터 코코의 모자는 어느 정도 사교계 인사들에게 소문이 나 있었다. 가게를 열면서 마치 둑이 터진 듯이 쏟아져 나오는 참신한 아이디어로 만든 코코의 모자는 세간의 화제로 등장했다.

당시 파리에는 많은 패션 잡지들이 창간되어 철마다 어떤 패션이 유행하는지 상세히 소개하고 있었다. 잡지에서는 여러 디자이너들이 소개되었는데 그중에서도 거의 모든 패션 잡지에서 가장 많은 페이지를 장식한 건 폴 푸아레였다. 폴 푸아레는 유행을 선도했으며 패션계에서 가장 큰 영향력을 행사하는 패션계의 왕 같은 존재였다.

하지만 코코의 눈에는 폴 푸아레의 패션이 이전과 별로 달라 보이지

않았다. 무엇보다도 여자의 옷을 남자가 디자인한다는 것이 마음에 들지 않았다. 남자들이 디자인한 옷은 여성의 시각이 배제된 남자들에게 보이기 위한 옷이란 게 코코의 생각이었다.

패션 잡지에서 건성으로 지나치던 폴 푸아레의 이름이 코코의 뇌리에 깊숙이 박히게 된 건 코코의 모자점이 화제가 되고 있던 어느 날이었다.

가게 문이 열리고 화려한 의상을 걸친 귀족 계급의 여인이 하인을 거느리고 가게 안으로 들어왔다.

"샤넬 모자점을 찾아 주셔서 감사합니다."

디자이너와 손님을 맞는 역할을 동시에 담당하고 있던 코코가 인사를 했다.

"흥! 제법 소문이 들리기에 그래도 손바닥 정도는 될 줄 알았는데 가게가 코딱지 정도도 안 되는군."

손님이 거만한 표정으로 눈썹을 찌푸리며 중얼거렸다.

"모자들은 왜 다 이 모양이야. 쓸 만한 게 하나도 안 보이는군."

손님은 진열된 모자들을 툭툭 건드리며 불만스러워 했다.

"찾으시는 스타일이 없는 모양이죠?"

코코는 미소를 지으며 이야기했다.

"여긴 이렇게 다 싸구려만 취급하나 보지?"

손님이 코코를 바라보았다.

손님의 얼굴을 본 코코는 깜짝 놀랐다. 낯이 익은 얼굴이었다.

"날 알아보는 모양이지?"

그 손님은 오래전에 수녀원을 떠났던 다이애나였다. 순간 코코의 뇌리

속에 수녀원에서의 일들이 스쳐 지나갔다.

"너 같은 시골 무지렁이가 어떻게 여기 파리에서 가게를 냈는지는 모르지만 잘될까?"

다이애나는 수녀원에서 했던 똑같은 말투와 표정으로 말했다.

"난 말이야. 그때 일을 조금도 잊지 않았거든. 감히 너 따위가 내게 기어올라? 기억해 둬. 여기 파리에서 살아남으려면 내게 무릎을 꿇고 고개를 숙여야 할 거야."

코코는 아무런 대답도 하지 않았다. 어찌 됐든 다이애나는 손님이었다. 손님과 언쟁을 벌이는 건 있을 수 없는 일이라고 생각했다.

다이애나는 조금도 변하지 않았다. 아니 오히려 옛날 일이 생각날 때마다 코코에 대한 적개심을 쌓아 왔던 것이었다. 그러다 그녀는 패션 잡지의 한쪽에 조그맣게 실린 코코의 가게를 보았다. 다이애나는 반드시 코코의 무릎을 꿇리고 머리를 조아리게 만들어야겠다고 결심했다.

"내 말 명심하는 게 좋을 거야."

다이애나는 돌아서 가게 문 쪽으로 걸어갔다.

"모자 꼬락서니들 하고는. 어디 시장 구석에 처박혀 있는 것들을 꺼내 놓은 것 같군."

다이애나는 문밖을 나가면서도 모자에 대한 악평을 퍼부었다.

코코는 잠시 멍한 표정으로 서 있었다. 수녀원에서의 생활이 이어지는 듯한 기분이 들었다.

'그 누구도 내 무릎을 꿇리고 머리를 조아리게 하지 못해! 설마 왕이라고 해도 말이야!'

코코는 분한 표정으로 중얼거렸다.

코코는 무시하기로 했다. 아무리 다이애나가 이 가게를 없애고 싶어 한들 그럴 수 있는 방법이 없을 테니까 말이다. 무엇보다도 코코에게 다이애나 따위는 안중에도 없었다. 모자 디자인을 생각하느라 다른 생각을 할 여유가 없었기 때문이다.

하지만 다이애나가 다녀간 며칠 뒤, 가게의 재단사가 사표를 냈다. 코코가 생각했던 것 이상으로 실력이 있고 뛰어난 재단사였다. 그런 재단사를 찾는 건 쉬운 일이 아니었다.

뿐만 아니라, 코코의 모자에 대한 폴 푸아레의 악평이 패션 잡지에 실렸다. 폴 푸아레는 코코의 모자를 직접적으로 거론하진 않았지만 그의 손에는 코코의 상표가 새겨진 모자가 들려 있었다.

"다이애나란 여자와 그런 관계였어?"

폴 푸아레의 평이 잡지에 실린 날 앙투아네트에게 들었는지 보이가 물었다.

"보이도 알고 있나요, 그 여자?"

뜻밖이라는 표정으로 보이를 바라보며 코코가 물었다.

"얼굴은 본 적 없지만 이름은 알고 있지."

"그래요? 보이가 이름을 알고 있는 걸 보니 사교계에서도 꽤 유명한가 보죠?"

"원래 그 여자의 아버지가 굉장한 부자에 귀족 계급이었다더군. 그 여자는 아버지의 본래 부인이 아닌 여자에게서 태어났고 말이야. 그러다 본래 부인이 병으로 죽자 수녀원에 숨겨 놨던 딸을 데리고 간 거지. 몇 년 전에 그 아버지도 말을 타다 낙마를 해서 병원에서 죽었다더군. 덕분에 그 여잔 막대한 재산과 지위를 고스란히 상속받았지. 신분도 높고 재산도 많으니 사교계에서 유명해지는 건 어려운 일이 아니지. 폴 푸아레 뒤에 그녀가 있다는 소문을 들었어. 아마 이번 일도 그녀가 관여한 게 분명해."

보이는 근심스런 표정으로 자신이 알고 있는 걸 말했다. 그런 여자가 노골적으로 사업을 방해한다면 상당한 걸림돌이 될 수 있다는 걸 보이는 잘 알고 있었다.

"걱정할 거 없어요, 보이. 누가 뭐라든지 상관없어요. 나의 모자를 평가하는 건 패션 기자들이 아니에요. 결국은 대중들이 평가하는 거죠."

코코는 아무 걱정이 없는 듯 말했다.

코코의 말은 분명한 진리였다. 누가 뭐라든 코코의 모자가 매력이 있다면 사람들은 모자를 살 것이다.

하지만 사람들은 영향력이 큰 인물의 말에 쉽게 동요된다. 폴 푸아레 같은 사람의 말이라면 더욱 그렇다.

문제는 코코의 모자에 그런 것들을 무시할 만큼의 매력이 있느냐 하는 것이다.

보이는 코코의 능력을 믿고 있었지만 불안감이 없는 것도 아니었다.

누가 뭐래도 현재 패션의 제왕은 폴 푸아레가 아닌가!

다행스럽게도 코코는 사표를 낸 재단사를 대신할 사람을 찾을 수가 있었다.

뿐만 아니라 코코는 더욱 일에 매달렸다. 하루 종일 디자인을 생각했으며, 날을 새며 모자를 만드는 날이 다반사였다.

코코는 대충이라는 말을 근본적으로 싫어했다. 바느질이 약간이라도 느슨하거나 바느질 땀이 조금이라도 틀린 것을 꼼꼼하게 찾아내어 다시 만들었다. 자신이 만족할 때까지 몇 번이고 뜯어고쳤다.

잠시 주춤했던 코코의 모자 판매는 다시금 정상으로 되돌아왔다. 아니, 이전보다 모자의 판매는 더욱 늘어 갔다. 모자의 디자인이 매력적이었을 뿐만 아니라 제품의 상태도 최상급이었기 때문에 어쩌면 너무나도 당연한 결과였다. 하지만 폴 푸아레의 이름은 코코의 뇌리에 깊이 각인되어 있었다.

코코의 모자점은 손님이 더욱 많아져 좀 더 넓은 장소로 이사를 하지 않으면 안 되었다.

그리하여 파리 캉봉 가 21번지로 모자점을 옮기게 된 건 코코가 모자점을 연 지 2년이 지난 1910년이었다.

다이애나는 코코의 모자점이 확장되어 이사하게 된 사실을 알고는 화가 나서 어쩔 줄 몰랐다. 당장이라도 코코의 모자점을 모조리 부숴 버리고 싶은 심정이었다. 다이애나는 끓어오르는 화를 참으며 이참에 확실하게 자신의 위치를 보여 주어야겠다고 생각했다.

결국 그녀는 며칠을 고민한 끝에 막대한 돈을 들여 대규모 패션 발표회를 하기로 결정하였다. 패션 발표회에는 폴 푸아레를 비롯하여 당시 유명한 디자이너들이 모두 초대되었는데 코코의 이름은 빠져 있었다.

가장 큰 극장을 통째로 빌려 열린 패션 발표회는 커다란 화제를 모으며 성황을 이뤘다. 개성이 강한 유명 디자이너들이 한자리에 모이는 것은 쉬운 일이 아니었기 때문에 그것만으로도 패션계에서 다이애나의 영향력이 어느 정도인지를 충분히 증명하는 것이었다.

그 시각, 캉봉 가의 코코의 모자점에선 늦은 저녁 시간인데도 직원들이 일을 하고 있었다. 가게를 옮긴 지 얼마 되지 않아서인지 할 일이 많았다.

코코 역시 새로운 모자를 디자인하느라 일에 몰두하고 있었다.

"아…… 지금쯤 패션 발표회가 한창일 텐데."

직원 한 명이 일을 하다 말고 중얼거렸다.

"뭐하는 거야, 너! 패션 발표회 얘긴 꺼내지도 말라니까!"

다른 직원이 깜짝 놀라며 소리쳤다. 가게가 커지면서 가게에서 일하는 직원 수도 제법 늘었기 때문에 많은 직원들의 시선이 이들에게 고정되었다.

직원들로선 이번 발표회에서 코코의 이름이 빠졌다는 건 제법 충격이었다. 코코의 모자는 이미 사람들에게 많이 알려져 있었고 새로운 디자인이 나올 때마다 화제가 되었다. 그래서 당연히 코코의 이름이 들어가야 한다고 생각했다.

직원들은 당사자인 코코가 무척 충격을 받았을 거라 판단하고 가게 안에서 패션 발표회 이야기를 꺼내지 않기로 했던 것이다. 하지만 코코는 발표회 같은 건 애초에 관심이 없었다. 단독 발표회면 모를까 다른 사람들과 함께 해야 한다는 건 마음에 들지 않았다.

'다른 사람이 뭘 하든 난 나의 길을 간다'는 것이 코코의 지론이었다.

"생각해 봐. 비록 사 입진 못하지만 그 많은 것들을 구경하는 것만으로도 어디야. 만날 있는 일도 아니고, 안 그래?"

"그만하라니까!"

"뭐, 내가 틀린 말했어?"

직원들이 소곤거리는 목소리로 자기들끼리 토닥거렸다.

"퇴근하고 싶은 사람은 퇴근해도 좋아요."

코코의 목소리에 직원들은 흠칫하며 고개를 돌렸다. 코코가 서 있었다.

"마드무아젤, 우린 그냥……."

직원들은 자신들이 소곤거린 이야기를 코코가 들은 것 같아 어쩔 줄 몰라 했다.

"퇴근을 하면 집으로 가지 말고 발표회장으로 가세요. 이 가게에서 일을 하려면 패션에 대한 안목이 높아야 하니까요. 가서 보고 느끼고 배우고 오세요."

코코는 숙제를 내는 선생과 같은 표정으로 말했다. 직원들은 어떻게 해야 할지 몰라 머뭇거렸다.

"어서요!"

"그럼 먼저 가 볼게요. 마드무아젤."

그때서야 직원들이 모자점을 빠져나갔다.

여자라면 누구나 패션 발표회를 보고 싶어 할 거라는 걸 코코는 잘 알고 있었다.

코코는 직원들이 빠져나가 텅 비어 있는 가게를 둘러보았다. 가게 안은 무덤처럼 조용했다.

올컥 보이가 보고 싶었다. 당장이라도 그에게 달려가고 싶었다.

하지만 한참을 망설이던 코코가 선택한 건 보이가 있는 집이 아니라 디자인을 구상하던 스케치북 앞이었다. 그리고는 다시 연필을 잡고 아무 일도 없었다는 듯이 모자를 디자인하기 시작했다.

코코의 모자점은 다이애나의 교묘한 방해에도 불구하고 나날이 매출이 늘었다. 매출이 늘면서 코코의 생활도 윤택해졌다.

코코는 시간이 날 때마다 연극과 오페라 공연을 빠짐없이 찾아다녔다. 공연을 보면서 디자인에 대한 아이디어와 예술에 대한 안목을 키워 나갔다. 그사이 연극과 오페라 관계자들과의 교류도 활발해졌다. 디아길레프, 이사도라 덩컨, 가브리엘 도르지아 등 코코의 주변엔 많은 유명인들이 하나둘씩 모여들었다.

한 번은 코코가 이사도라 덩컨의 공연을 봤는데, 그 후 덩컨의 춤에 완전히 매료되어 버렸다. 그 충격이 얼마나 컸던지 춤을 배우고자 하는 열망에 사로잡혀 무용 교습을 받기 시작했다. 하지만 몇 달 뒤 고된 노력에도 불구하고 교습을 포기하고 말았다.

코코에겐 춤을 출 재능이 없었던 것이다.

코코는 전 생애를 통틀어서 예술가들에게 더없이 관대했다. 미술, 음악, 연극, 문학 등 당대 이름난 거장들이 늘 코코 주위에 진을 치고 있었다. 그리고 기회가 있을 때마다 코코는 장 콕토, 피카소, 달리 등의 예술가들을 후원하고 도움을 주었다. 그런 노력들로 인해 그들은 코코의 모자를 쓰고 공연을 하게 되고, 인기 있는 배우가 쓴 코코의 모자는 곧바로 화제가 되어 패션 잡지를 장식했다. 서서히 파리 패션계에서 코코의 명성이 높아지고 있었다.

한편 유럽 대륙은 전쟁의 먹구름이 짙게 깔리고 있었다.

그리고 마침내 사라예보에 울린 한 발의 총성은 전 유럽을 전쟁의 소용돌이 안으로 몰아넣었다. 1912년 발칸 전쟁이 나고 2년 뒤, 제1차 세계 대전이 터진 것이다.

전쟁은 코코가 전 세계적인 명성을 얻게 하는 데 결정적인 역할을 한다.

성공 뒤에서 피어나는 음모

전쟁이 터지자 보이는 코코와 함께 좀 더 안전한 도시인 도빌로 갔다. 코코는 그곳에서 가게를 내고 모자를 비롯한 옷과 액세서리 등을 취급하며 본격적인 패션계의 진입을 시도하였다.

코코가 캉봉 가로 가게를 이전할 때 그 건물엔 이미 여러 부티크가 입점해 있어 모자만을 취급해야 한다는 단서 조항이 있었다. 옷을 만들고 싶어도 만들 수 없었던 것이다. 하지만 도빌에서는 달랐다. 코코가 원하는 그 어떤 것도 할 수가 있었던 것이다.

도빌은 영국과 가까운 해안에 위치해 있었다. 이곳은 이전부터 부유한 관광도시로서 호텔과 화려한 별장들이 곳곳에 위치해 있었다. 전쟁이 터지자 전쟁을 피해 프랑스뿐만 아니라 유럽 전역에서 많은 상류층 사람들이 몰려들었다.

도빌의 해안 산책로는 각국의 패션장이 다름없을 정도로 각각의 스타일로 치장한 사람들이 걸어 다녔다. 이는 코코에게 더할 수 없이 훌륭한 연구 과제이자 공부 재료였다.

뿐만 아니라 도빌에 거주하고 있는 주민들 역시 코코의 관심을 끌었다. 지리적으로 영국과 가까워서였는지 영국 사람들이 도빌에 많이 거주했는데 영국풍의 패션은 코코에게 또 다른 관심의 대상이었다.

코코가 패션에서 우선적으로 주목한 건 실용성이었다. 당시에는 옷을 입고 활동하는 사람의 입장이 전혀 고려되지 않은 많은 장식이 달려 있었고 자유롭게 행동을 하는 데 많은 제약이 있었다. 불편해하면서까지 억지로 아름다움을 만들어 내는 건 자연스럽지 못하다는 게 코코의 생각이었다.

디자인에 대한 생각으로 머리가 꽉 차 있던 어느 날이었다.

"코코, 나와 함께 갈 데가 있어."

스포티한 차림의 보이가 말했다.

"미안해요. 보이. 오늘은 생각할 게 너무 많아요."

코코는 뭔가 잡힐 듯하면서 잡히지 않는 이미지 때문에 고민하고 있었다.

"그래서 함께 나가자는 것이야. 뭔가 잘 풀리지 않을 땐 머리를 비워 보는 것도 한 가지 방법이야. 어서."

보이는 코코의 손을 잡아끌었다.

보이의 손에 이끌려 코코가 도착한 곳은 폴로 경기장이었다. 이미 많은 사람들이 경기장을 메우고 있었다. 코코는 보이와 함께 비교적 한적한 관람석에 앉아 물끄러미 경기를 바라보았다.

제법 쌀쌀한 날씨였다.

급하게 나오느라 제대로 옷을 갖춰 입지 못한 코코는 추위를 느꼈다.

"추워?"

보이는 코코를 보며 물었다. 자신의 어깨에 기대고 앉아 있는 코코에게서 몸을 떠는 듯한 느낌을 받았기 때문이었다. 실제로 코코의 입술은 제법 파랗게 식어 있었다.

"조금요."

"조금이 아니잖아. 미안. 미처 오늘 날씨를 생각 못했군."

보이는 자신이 입고 있는 스웨터를 벗더니 코코에게 내밀었다.

"뭐해? 빨리 입지 않구."

"보이는요?"

"나만 따뜻하자고 코코를 추위에 떨게 두면 내 마음이 어떨 것 같아?"

보이는 스웨터를 코코에게 입혔다.

"아직 보이의 체온이 남아 있어서 그런지 따뜻해요."

코코의 얼굴에 미소가 감돌았다.

스웨터는 말할 수 없이 따뜻하고 포근했다. 보이가 입었던 것이라 더욱 그런 것 같았다. 코코는 보이의 스웨터를 입은 자신의 모습을 바라보며 스웨터를 만졌다. 그때, 마치 정전기가 일듯이 코코의 머릿속에 무언가 떠올랐다. 그리고는 동시에 자리에서 벌떡 일어섰다.

보이는 코코의 느닷없는 행동에 깜짝 놀라며 코코에게 물었다.

"무슨 일이야? 어디 안 좋은 거야?"

"아뇨! 저 지금 먼저 가 봐야겠어요! 이따 집에서 봐요!"

말을 마친 코코는 재빨리 관중석에서 내려왔다.

"코코!"

코코를 부르며 따라 일어선 보이의 시야에 이미 코코는 사라지고 없었다.

코코는 곧장 자신의 가게로 가 스케치북을 들었다. 번개처럼 떠오른 영감이 사라질까봐 바쁘게 디자인을 했다. 코코는 자신이 입고 있는 보이의 스웨터를 여성스럽고 단순하게 만들었다. 자신이 느꼈던 따스함과 포근함을 다른 여자들도 느꼈으면 했다.

코코 패션의 또 다른 특징이라면 단순함이라고 할 수 있다. 그건 코코가 워낙 장식을 싫어하는 성격 탓이기도 했다. 하지만 코코의 단순함에는 무언가 다른 게 숨어 있었다. 미美였다. 단순하면서도 간결한 아름다움이야말로 진정 코코가 추구한 패션이었다.

스케치를 끝낸 코코는 곧바로 옷 만들기에 들어갔다.

"마드무아젤. 혹시 지금 만드는 게 스웨터 아닌가요?"

재봉을 하는 직원이 의아한 표정으로 물었다.

"맞아요. 스웨터예요."

코코가 옷감을 손질하며 대답했다.

"근데 디자인이 너무 여성적인 것 같지 않나요?"

"여성이 입을 건데 당연히 여성적이어야 하지 않나요?"

"예엣?! 스웨터를 여성이 입는다구요?"

재봉을 하는 직원들이 모두 깜짝 놀라 고개를 들어 코코를 바라보았다. 당시만 해도 여성이 스웨터를 입는 건 드문 일이었기에 직원들이 놀라는 것은 당연한 일이었다.

"다들 제가 스웨터를 입고 있는 걸 보고 있잖아요. 꽤 어울리지 않나요?"

직원들 눈에도 스웨터를 입고 있는 코코의 모습이 새롭고 잘 어울려 보였다.

"그동안 모르고 있었는데 남성들만 이런 따뜻한 옷을 입고 있더라구요."

직원들은 더 이상 아무 말도 할 수 없었다.

"비아트! 지금 당장 가게에 있는 천을 모두 가져와 주세요."

천을 만지고 있던 코코가 소리쳤다. 이름이 불린 직원이 벌떡 자리에서 일어나더니 천들을 가져와 책상 위에 내려놓았다.

실크 종류의 천은 고급스럽긴 하지만 스웨터에는 어울리지 않았다. 코코는 천들을 세세하게 살펴보고 만져 보았다.

그중 하나가 코코의 눈에 띄었다. 저지였다.

저지는 주로 남성용 속옷이나 어린이용 바지 등에 사용되는 인기가 없는 옷감이었다. 그런데 코코는 화려하고 값비싼 옷감들을 제쳐 두고 저지를 고른 것이다. 직원들은 내심 놀랐으나 코코니까 그럴 수도 있다는 듯한 표정을 지었다.

옷감이 정해지고 몇 시간이 지난 후 코코가 디자인한 스웨터가 모습을 드러냈다.

이것이 그 유명한 샤넬 스웨터의 탄생이었다.

코코는 이 스웨터에 수직라인으로 바느질한 치마를 매치하였다. 이것은 본격적인 여성 스포츠웨어의 시작이었고 샤넬로부터 시작되어 한 시대를 휩쓸게 되는 저지스타일*의 시작이었다.

코코는 스포츠웨어를 시작으로, 저지를 소재로 한 여러 가지 스타일을

속속 발표하기 시작하였다. 실용성과 단순미로 무장한 코코의 패션은 선풍적인 인기를 끌기 시작했다. 사람들은 계급에 상관없이 샤넬 옷의 편리함과 그에 결코 뒤지지 않은 세련미에 열광했다.

패션 잡지에선 도빌에서의 샤넬 현상을 기사화하기 시작했다. 서서히 코코는 파리 패션의 중심부로 들어서고 있었다.

그리고 마침내 전쟁이 시작되었다.

벨 에포크라는 풍요의 시대를 한 번에 날려 버린 전쟁의 소용돌이는 모든 걸 뒤바꿔 놓기에 충분했다.

전쟁터로 가 버린 남자들을 대신해 여성들은 사회 활동을 하지 않을 수 없었다. 공장에서 일을 해야 했으며 가정을 돌봐야 했다. 이동병원에서 운전을 할 때도 여자의 손이 필요했다.

이러한 사회적인 변화는 여자들의 입는 옷에서 바로 나타나기 시작했다.

불편하고 거추장스러운 옷을 입고는 그런 많은 일을 할 수 없었다. 그러니 활동하기 편리한 샤넬 스타일의 인기는 너무도 당연한 일이었다. 여성들은 너나 할 것 없이 샤넬의 옷을 입기 시작했다.

코코의 가게는 또 다른 전쟁터였다. 직원들이 많이 늘어났지만 밀려든 주문을 소화하기엔 턱없이 모자랐다.

저지스타일 – 저지는 가볍고 신축성 있는 소재이다. 이 옷감은 샤넬 이전의 시대에서 주로 속옷이나 일반인의 겨울용 의상으로 사용되었지만, 코코 샤넬이 활동하기 편하고 실용성 있는 패션 아이템으로 재탄생시켰다. 이러한 저지스타일은 드레스에서부터 운동복, 스웨터, 재킷에 이르기까지 그 범위가 다양하다.

코코의 연인 보이 역시 전쟁 특수를 구가하고 있었다.

전쟁이 나자 그의 석탄 수송용 화물선의 가치가 어마어마해졌기 때문이었다.

보이는 이제 도빌에 머무를 수 없었다. 더구나 프랑스와 '영국 전쟁 석탄 공급 위원회'의 중요한 직책을 받게 된 보이는 정치에도 발을 들여놓게 되었던 것이다.

보이가 파리로 가게 되자 코코는 일에 몰두했다. 도빌에 피신을 온 상류층을 위한 옷들을 디자인하고 만들었다.

이미 샤넬 스타일은 마법처럼 사람들을 휘감고 있었다. 새로운 스타일이 발표될 때마다 사람들은 코코의 옷에 열광했다.

여기에는 약간의 행운도 있었다. 전쟁이 난 지 얼마 되지 않은 이 시기에 맞는 새로운 옷이 필요했기 때문이다.

한편, 폴 푸아레의 양장점에 들린 다이애나는 충격적인 소리를 듣게 되었다.

"할 말이 있어요, 다이애나."

폴 푸아레가 심각한 표정으로 이야기를 꺼냈다.

"뭔데요? 말해 보세요, 폴."

다이애나가 차를 마시며 대답했다.

"아무래도 당분간 패션 쪽 일을 그만둬야 할 것 같아요."

순간, 다이애나의 손에서 찻잔이 바닥으로 떨어져 산산조각이 났다.

"뭐라구요? 일을 그만둔다구요? 이유가 뭔데요!"

"조국이 전쟁 중이잖소. 비록 총을 들 순 없지만 나라에 보탬이 되는 일을 하고 싶소. 그래서 군복을 만드는 공장에서 일을 하기로 했소."

"구…… 군복이라구요? 기가 막혀서! 지금 제정신인가요!"

다이애나는 신경질적으로 버럭 소리를 질렀다.

"잡지 못 봤어요? 지금 도빌에서 어떤 일이 벌어지고 있는지 모르겠냐구요!"

도빌에서 선풍적인 인기를 끌고 있는 샤넬 스타일은 다이애나를 불안하게 만들고 있었다.

"당신이 사라진다면 분명히 샤넬이 그 자리를 차지하고 말 거예요! 무슨 말인지 알겠어요?!"

"그런 건 아무 상관없어요. 내게 지금 중요한 건 전쟁을 하고 있는 이 나라니까 말입니다! 이미 신중하게 생각해서 내린 결정이니 바뀌는 일은 없을 겁니다!"

폴 푸아레는 단호하게 말하고 돌아섰다.

"폴…… 폴……."

다이애나의 간절한 외침도 외면한 채 폴 푸아레는 가게 문밖으로 나가 버렸다.

다이애나는 털썩 무너지듯 의자에 주저앉았다. 폴 푸아레가 없는 자리를 샤넬이 차지할 것만 같은 불길한 느낌이 들었다.

그런데 군복이라니! 미치고 팔짝팔짝 뛰고 싶은 노릇이었지만 지금 코코를 어쩔 수 있는 방법이 없다는 것이 더욱 다이애나를 괴롭게 만들었다.

다이애나의 예상은 틀린 게 아니었다.

폴 푸아레가 군복 공장으로 사라지자, 패션계에서 막대한 영향력을 행사하며 패션의 왕으로까지 불리던 폴 푸아레의 자리는 급속하게 코코에 의해서 점령되고 있었다.

도빌뿐만 아니라 파리에서도 샤넬 스타일이 인기를 끌기 시작했다.

코코는 아직 전쟁 중인 파리로 돌아왔다. 캉봉 가에 다시 가게를 여는 게 목적이었지만, 사실 파리에 있는 보이가 너무 보고 싶었기 때문이었다.

"코코."

코코를 본 보이가 부드러운 미소와 함께 그녀를 껴안았다.

'아…… 내 사랑……. 당신을 위해서라면 난 그 어떤 것도 다 버릴 수 있어요.'

보이의 품에 안긴 코코의 눈에선 눈물이 흘러내렸다. 그 어떤 것과도 바꿀 수 없는 사랑의 눈물이었다.

캉봉 가에 가게를 다시 연 지 얼마 지나지 않아 코코와 보이는 비아리츠로 갔다.

스페인과 인접하고 프랑스 남서부에 위치한 비아리츠는 부르주아들과 국제 관광객들이 넘쳐 났다. 코코는 비아리츠야말로 분점을 내기에 딱 좋은 곳이라고 생각했다. 코코의 패션 중 비교적 고가에 속하는 상품들을 팔 수 있을 거라 기대하면서 말이다.

코코는 사치스럽게 꾸며진 양장점을 열었다. 그곳엔 지역 최고의 재봉사들을 고용하여 만든 고가의 컬렉션들이 걸려 있었다. 상류층을 겨냥한

코코의 전략은 적중했다. 코코는 사교 활동을 통해 상류사회를 정확하게 꿰뚫고 있었다.

곧이어 스페인 왕가도 샤넬의 고객이 되었다. 이제 코코는 직원을 300여 명이나 거느린 성공한 사업가이자 사장이 되었다.

하지만 코코의 급속한 성공이 단지 운이 따랐기 때문만은 아니었다. 무엇보다 코코에겐 패션에 대한 천부적인 미적 감각이 있었다.

그리고 코코는 옷에 있어서 병적이다 싶을 정도로 완벽주의를 추구했다. 모델을 세워 놓고 수십 번 옷을 뜯어 고치는 수고를 마다하지 않았다.

마침내 1차 세계 대전이 끝났을 때 다이애나의 예언처럼 코코는 폴 푸아레의 빈자리를 완전하게 차지하고 있었다.

이제 파리의 패션계는 코코를 중심으로 재편되고 있었다.

폴 푸아레는 전쟁이 끝나자 자신의 가게로 가기 전 다이애나를 찾았다.

하지만 폴 푸아레를 본 다이애나의 표정은 그리 좋지 않았다.

"이제 공장 일을 끝내고 가게로 다시 돌아가는 건가요?"

다이애나는 빈정거리는 말투로 말했다.

"그래요. 패션계로 복귀할 겁니다."

"내가 전에 이야기했을 텐데요. 당신이 자리를 비우면 샤넬이 그 자리를 차지할 거라구요! 어때요? 내 말이 틀렸나요?!"

다이애나는 폴 푸아레가 원망스러웠다.

"다이애나. 내가 누군지 잊은 겁니까?"

폴 푸아레는 여유가 느껴지는 표정으로 말했다.

"누구긴 누구겠어요! 샤넬에게 밀려난 폴이지!"

"그래요. 폴 푸아레예요. 내가 그 폴 푸아레란 말입니다."

폴 역시 내심 샤넬의 성공이 놀라웠다. 하지만 그건 사자가 잠시 비워둔 자리를 여우가 엉겁결에 앉아 있는 것뿐이라고 생각했다. 폴의 눈엔 코코는 그저 애송이일 뿐 언제든 자기 자리를 찾을 수 있다고 자신했다.

"그렇군요. 날 믿지 못하는군요! 그렇다면 여기 더 있을 이유가 없지요."

폴은 휙 몸을 돌렸다.

그러자 화들짝 놀란 다이애나가 폴의 뒤쪽에서 허리를 끌어안았다.

"오해하지 말아요. 믿지 못하는 게 아니에요. 난 그냥 당신이 없는 동안에 벌어진 기막힌 일에 짜증을 냈을 뿐이에요. 그래요. 당신은 폴 푸아레, 패션계의 왕이죠! 샤넬 따윈 한 방에 밀어 버릴 수 있을 거예요. 분명히!!"

다이애나는 패션의 왕, 폴이 돌아왔으니 샤넬을 밀어 내는 건 시간문제일 것이라고 생각했다.

폴 푸아레는 패션계로 복귀하면서 패션 잡지들과의 인터뷰를 통해 샤넬의 패션을 신랄하게 공격했다. 코코 역시 이 싸움을 마다하지 않았다.

한동안 언론을 통해 코코와 폴 푸아레는 공방을 벌였다. 그 사실만으로도 코코의 높아진 위상을 증명하고 있었다.

사람들은 새로운 왕과 돌아온 왕과의 싸움을 흥미롭게 지켜보고 있었다. 왕의 자리를 놓고 벌이는 싸움!

이 싸움의 패배자는 쓸쓸히 사라져야 한다는 사실을 코코와 폴은 잘 알고 있었다. 시간이 흐르면 결과는 분명하게 드러날 터였다. 사람들은

분명 코코와 폴, 둘 중에 하나를 선택할 것이기 때문이다.

다이애나는 초초했다. 그 많던 그녀의 재산이 얼마 남지 않았기 때문이다.

물론 그 원인은 그녀에게 있었다. 마치 저수지에 둑이 터진 듯이 지금껏 돈을 펑펑 써 댔기 때문이었다. 게다가 전쟁도 다이애나의 상황을 더욱 악화시켰다.

하지만 여전히 그녀의 사치는 줄어들지 않았다. 급속히 사라지는 자신의 재산에 비해 샤넬의 부는 더욱 빨리 쌓이고 있었다. 자신의 돈이 모두 샤넬에게 가는 것만 같았다.

폴이 복귀한 만큼 분명히 샤넬을 패션계에서 밀어 내겠지만 그것만으로는 부족했다. 샤넬에게 충격을 줄 수 있는 게 필요했다. 그러기 위해선 샤넬의 약점을 파고들어야 한다고 생각했다.

샤넬의 약점! 그건 바로 보이였다.

샤넬의 목숨보다 중요한 사랑, 보이야말로 샤넬의 최대 약점이었다.

집사가 걸어오더니 다이애나에게 몇 장의 서류를 넘겨주며 말했다.

"지시하신 대로 아서 카펠, 일명 보이에 대한 모든 걸 조사한 자료입니다."

다이애나는 넘겨받은 서류를 살펴보았다.

"베르사유 연합국 협의회 비서 자리로 유력하다구요?"

"그렇습니다. 정치적으로 상당히 중요한 자리지요."

"그래요? 앞으로 성공 가능성이 큰 정치인이란 말이죠?"

다이애나는 묘한 미소를 지으며 중얼거렸다.

"아서 카펠을 움직일 수 있는 사람으로는 스튜어트 경이 유력합니다.

조사 결과 그 자는 정치적 영향력이 클 뿐 아니라 카펠이 정치에 발을 들여놓을 수 있는 발판을 만들어 준 사람입니다."

"스튜어트 경이라는 사람을 만날 수 있도록 자리를 만들어 주세요. 당장이라도 말이에요."

"알겠습니다. 최대한 빠른 시간 내에 자리를 만들겠습니다."

집사는 대답을 하고는 다이애나의 방을 빠져나갔다.

"사랑이라구? 샤넬! 사랑이란 말이지?! 하하하!"

다이애나의 섬뜩한 웃음소리가 방 안에 메아리쳤다.

보이가 베르사유 연합국 협의회 비서로 임명된 지 얼마 지나지 않아 스튜어트 경이 그의 집무실을 방문했다. 사전에 아무런 연락도 하지 않은 갑작스러운 방문이었다.

보이는 은사와 다름없는 스튜어트 경의 방문에 깜짝 놀라면서도 반갑게 그를 맞이했다.

"자네가 비서로 임명됐단 소식에 좀 놀래 줄까 하고 찾았네. 마침 파리에 볼 일도 있었고 말일세."

소파에 앉은 스튜어트 경이 파이프를 꺼내 물었다.

"이 자리에 올 수 있게 힘써 주신 거 잘 알고 있습니다. 어떻게 은혜를 다 갚아야 할지 엄두가 나지 않습니다."

보이는 진심으로 감사한 마음을 담아 말했다.

"은혜는 무슨……. 난 한 번도 자네를 남이라고 생각해 본 적이 없네."

스튜어트 경이 파이프에 불을 붙였다.

"자네도 바쁠 테니 본론만 이야기하겠네."

"말씀하십시오."

후우~~.

스튜어트 경이 길게 담배 연기를 내뿜었다.

"자네도 이제 결혼을 해야 할 때가 지났는데 설마 샤넬이라는 여자와 할 작정인가?"

갑작스러운 결혼 이야기에 보이는 놀란 듯이 스튜어트 경을 바라보았다.

"자넨 정치인이야. 그것도 성공할 수 있는 모든 조건을 갖추고 있지. 더는 이야기하지 않겠네. 무슨 뜻인지는 자네가 더 잘 알 테니 말일세."

스튜어트 경은 재떨이에 담배를 떨어내더니 자리에서 일어섰다.

"조만간 영국에서 볼 수 있기를 기대하겠네."

스튜어트 경이 악수를 청했다. 그가 내민 손을 바라보던 보이는 조심스럽게 그의 손을 잡았다.

코코는 보이를 기다리고 있었다. 보이와 사랑에 빠진 지도 제법 오랜 시간이 지났다. 코코는 보이와 사랑에 빠진 순간부터 단 한 번도 보이가 없는 삶을 상상해 보지 않았다.

사실 코코가 이렇게 성공할 수 있었던 것은 보이의 도움이 절대적이었다. 코코의 재능을 발견한 것도 보이였고 사업가로 성공할 수 있게 이끌어 준 것도 보이였다.

코코는 내심 보이가 청혼해 주기를 기다리고 있었다.

그녀는 보이와 누구보다 화려한 결혼을 꿈꿨다. 하지만 지금껏 단 한

번도 보이에게 결혼 이야기를 꺼내 본 적이 없었다. 그동안 성공의 길을 달려오느라 시간이 없기도 했지만 결혼 이야기를 꺼내 보이에게 부담을 주기 싫었기 때문이다.

부와 명성을 쥔 코코는 한결 여유가 생겼다. 이제 보이와 결혼을 할 때가 됐다고 생각했다.

집으로 들어선 보이의 얼굴은 평소와는 달리 딱딱하게 굳어 있었다. 코코는 그런 보이의 얼굴이 낯설었다. 무언가 안 좋은 일이 있어도 코코 앞에선 한 번도 내색한 적이 없는 보이였다. 심각한 일이 분명했다. 하지만 보이는 좀처럼 입을 열지 않았다.

코코는 평소에 그랬던 것처럼 와인을 준비해 들고 왔다.

"코코, 할 말이 있어."

보이는 마침내 결심한 듯 무겁게 입을 열었다.

할 말이 있다는 보이의 목소리에 코코는 가슴이 덜컥 내려앉는 느낌이었다.

"뭐예요? 말해 보세요, 보이."

하지만 코코는 아무런 내색도 없이 평소와 다름없는 목소리로 말했다.

보이는 말을 하려다 말고는 와인을 가득 따라 단숨에 들이켰다.

"코코. 조만간 난 영국에 다녀와야 할 것 같아. 거기서 결혼을…… 결혼을 할 거야. 그럴 수밖에 없는 날 용서해 줘, 코코."

다른 여자와 결혼을 하겠다는 보이의 이야기를 듣는 순간 코코의 머릿속은 하얗게 비어 버렸다. 심장이 멈춰 버린 느낌이었다.

"변명 같은 거 하지 않을게. 하지만 이것만은 믿어 줘. 비록 어쩔 수 없이 코코가 아닌 여자와 결혼을 해야 하지만 내게 사랑은 코코뿐이야. 앞으로도 말이야."

'안 돼! 절대로 받아들일 수 없어! 어떻게 보이가 내게!! 내게 그런 잔인한 말을 할 수 있는 거냐구!!'

코코는 그렇게 소리치고 싶었다.

그녀는 가슴이 오그라드는 고통을 느꼈다. 당장이라도 풀썩 바닥에 쓰러질듯 다리에 힘이 풀렸다. 뭘 어떻게 해야 할지 아무 생각도 나지 않았다.

"그래요? 그럴 수밖에 없다면 어쩔 수 없죠."

하지만 정작 코코가 내뱉은 것은 아무 감정도 없는 듯한 목소리였다. 사실 그녀는 필사적으로 버티고 있는데도 말이다.

"영국으로 언제 떠나는 거죠?"

보이는 차마 대답할 수 없었다.

"조심하세요. 요즘 꽤 사고가 많이 일어나는 것 같으니까요. 전 좀 쉬어야겠어요."

코코는 조금의 동요도 없는 걸음걸이로 자신의 방으로 들어갔다.

탁.

조용히 방문을 닫은 코코는 무너지듯 바닥에 주저앉았다.

코코는 보이가 왜 그런 선택을 할 수밖에 없었는지 너무나 잘 알고 있었다.

이미 코코는 유명인이었다. 많은 사람들과 어울릴 수밖에 없었고 그런 코코의 일거수일투족은 기사에 실리고 스캔들이 될 수 있었다. 정치인의 아내가 요란한 스캔들의 주인공이 되어 언론에 오르내리는 건 정치인에

게 치명적인 것이 될 수 있었다. 보이가 코코가 아닌 다른 사람을 선택한 것도 그 때문일 것이었다.

코코는 보이의 앞길을 막는 여자가 되고 싶지 않았다. 방해자로 남는다는 건 결코 코코의 자존심이 허락하지 않았다. 그래서 보이 앞에서 아무렇지 않은 표정으로 이야기할 수 있었던 것이다.

하지만 방문이 닫히자 고통이 한꺼번에 터져 나왔다. 하늘이 무너져 버린 것 같은 고통으로 쉴 새 없이 눈물이 쏟아져 나왔다.

코코는 자신의 울음소리가 들리지 않도록 입술을 꽉 깨물었다. 하지만 간간이 울음소리가 방 밖으로 새어 나갔고, 방문 앞에서 그 소리를 듣고 있는 보이의 가슴도 찢어지는 듯 했다.

'미안해…… 코코. 정말 미안해…….'

패션의 여왕으로 등극!

　다이애나의 계산처럼 보이의 결혼은 확실히 코코에게 커다란 충격이었다.
　보이가 결혼식을 위해 영국으로 떠난 뒤 코코는 며칠을 가게에도 나가지 않은 채 집 안에서 꼼짝도 하지 않았다.
　그 소식을 들은 다이애나는 뛸 듯이 기뻐했다. 코코의 상심이 너무 커 옷을 만든다 해도 수준이 형편없이 떨어질 거라 생각했다. 그렇게 되면 폴 푸아레가 다시 왕좌를 되찾는 건 시간문제일 터였다. 참으로 오랜만에 다이애나는 마음이 평안해지는 기분이었다.
　코코가 다시 가게에 모습을 드러낸 건 근 일주일 만이었다.
　코코가 가게에 나타나자 전 직원이 긴장한 표정으로 코코를 맞이했다. 직원들도 보이의 결혼 소식을 알고 있었다. 상심한 코코에게서 어떤 불벼락이 떨어질지 모른다고 생각했던 것이다. 아니나 다를까 코코는 주요 직원들을 자신의 방으로 불러들였다. 올 것이 왔다는 듯 직원들은 굳은 표정으로 서 있었다.

코코는 직원들의 얼굴을 바라보면서 말했다.

"일주일 후에 패션 발표회를 열 계획이에요. 이번에 발표할 패션의 디자인은 여기 있어요. 일주일 안에 여기에 있는 모든 옷을 만들어 내야 합니다."

코코는 새로 발표할 패션이 디자인된 두꺼운 스케치북을 내밀었다.

수석 재봉사가 스케치북을 살펴보고는 기가 막힌 듯이 중얼거렸다.

"이, 이걸…… 일주일 동안에 완성하신 거란 말입니까, 마드무아젤?"

다른 직원들도 코코의 디자인을 살펴보았다. 그 안에는 새로운 형태의 디자인들이 수십 종류나 꼼꼼하게 그려져 있었다. 새로운 패션도 그렇지만 직원들은 일단 그 양에 혀를 내둘렀다.

"다들 시간이 없으니 서둘러 주세요!"

코코의 가게는 비상이 걸린 듯 코코에서부터 전 직원이 부지런히 움직였다. 그들은 밤이 늦도록 옷을 만드는 데 정신이 없었다.

코코는 밤을 새는 것도 마다하지 않고 일에 매달렸다. 보이가 떠난 날부터 코코는 자신의 모든 걸 일에 쏟아 부었다. 일을 하고 있을 때가 코코의 머릿속에서 보이를 비울 수 있는 유일한 시간이었기 때문이었다.

코코가 일주일 후에 새로운 패션을 발표한다는 소식을 들은 다이애나는 깜짝 놀랐다. 일 같은 건 전혀 하지 못할 것이라는 자신의 예상은 철저하게 빗나갔기 때문이었다.

'흥! 아마 상처를 일로 잊어 보겠다 이거로군!!'

과연 다이애나는 코코가 일중독이 된 상태를 정확하게 꿰뚫어 보고 있었다.

'일에 몰두함으로써 상처를 잠시 잊을 수 있겠지만 분명히 그 상처는 패션에 고스란히 드러나 수준이 떨어질 수밖에 없을 거야!!'

다이애나는 자신의 왕좌를 되찾는 게 빨라질 수도 있을 거라 생각했다.

'이러고 있을 때가 아니야!!'

다이애나는 서둘러 폴 푸아레에게로 갔다. 그리고는 샤넬과 같은 날 폴 푸아레의 발표회를 대규모로 열자고 말했다.

"다이애나, 알고 있겠지만 난 그렇게 화려하게 발표회를 열 자금이 없어요."

전쟁 동안의 공백으로 폴 푸아레는 가게를 유지하기에도 바쁜 상태였다.

"누가 당신에게 그런 걱정하랬나요? 그런 건 내가 다 알아서 해요! 그러니까 당신은 사람들을 사로잡을 옷만 만들면 돼요!"

다이애나는 화려하고 성대한 발표회가 될 수 있도록 자신의 가진 모든 돈을 끌어모았다. 뜻하지 않게 샤넬과 폴 푸아레의 진검승부가 벌어지게 된 것이다.

일주일은 눈 깜짝할 사이에 지나갔다.

호텔 대연회장을 빌린 다이애나는 발표회 시간이 다가올수록 초초함과 흥분으로 얼굴이 벌겋게 달아올라 있었다.

사람들이 얼마나 많이 왔을지 걱정스러웠다. 이곳에 사람이 없다는 건 샤넬의 발표회장에 사람들이 몰려 있다는 말이 되기 때문이다. 그건 곧 폴 푸아레의 참패를 의미했다.

다이애나는 불안하고 흥분된 가슴을 가까스로 진정시키며 연회장 홀이 훤히 보이는 비상구의 문을 빼꼼히 열었다.

연회장 홀을 바라본 다이애나는 온몸에 전율이 흘렀다. 사람들이 온통 연회장을 가득 메우고 있었기 때문이었다.

앞쪽에는 패션지 기자들이 잔뜩 몰려 있었는데 외국에서 많이 온 것 같았다. 이 정도면 다이애나의 예상을 훨씬 웃도는 대성공이었다.

텅 비어 있을 샤넬의 발표장을 상상하며 다이애나는 발표 준비에 여념이 없는 폴 푸아레에게로 한걸음에 달려갔다. 이제 곧 발표회가 시작되어 폴 푸아레도 알게 되겠지만 1분이라도 빨리 소식을 전하고 싶었.

발표회 준비로 모델들이 분주히 움직이고 있는 대기실에 뛰어 들어온 다이애나가 소리쳤다.

"폴! 우리가 이겼어요!! 우리가 이겼다구요!!"

모델들과 옷을 준비하고 있던 폴 푸아레는 다이애나의 소리를 듣고 안도의 한숨을 쉬었다.

사실 폴 푸아레는 내심 상당히 불안했었다. 전쟁이 끝나 패션계에 복귀하고 나서 자신의 실력이 예전 같지 않다는 걸 느꼈다. 공백이 생각보다 길었고 그것은 폴 푸아레의 감각을 무디게 만들었던 것이다. 더구나 지금의 시대는 전쟁이라는 엄청난 변화를 겪고 난 후였으므로 전쟁 이전의 시대와는 모든 게 달라져 있었다.

하지만 사람들이 많이 왔다는 것은 아직 샤넬보다 자신이 더 많은 기대와 관심을 받고 있음을 증명하는 것이었다.

폴의 발표회가 시작되었다.

모델들은 폴 푸아레가 모든 열정을 쏟아 부은 옷을 입고 무대 위로 걸어 나갔다. 앞줄에 앉은 패션지 기자들이 카메라 플래시를 불꽃처럼 터트렸다.

다이애나와 폴 푸아레는 그 모습이 마치 자신들을 위한 승리의 폭죽처럼 느껴졌다. 이제 왕의 자리는 그들의 것이었다.

하지만 발표회가 30여 분 가까이 진행되면서부터 심상치 않은 일들이 벌어지기 시작했다.

사람들과 기자들이 하나둘씩 자리를 뜨기 시작하더니 30여 분이 지날 무렵에는 거의 모든 사람들이 발표회장을 빠져나갔다.

아직 발표회가 끝나려면 한 시간이나 더 남아 있었다.

승리자의 모습으로 느긋하게 발표회를 바라보던 다이애나는 우르르 연회장을 빠져나가는 사람들을 보며 호텔에 불이라도 난 것이 아닌가 생각했다.

"무슨 일인지 빨리 알아보세요, 어서요!!"

다이애나는 집사에게 소리쳤다.

불과 몇 분 사이에 발표회장에 남은 사람은 기자 몇 명과 10여 명의 사람이 고작이었다.

당혹스럽기는 폴 푸아레도 마찬가지였다. 왜 이런 상황이 벌어졌는지 알 수가 없었다.

다이애나는 안절부절못하며 서성거렸다. 1초가 1년처럼 느껴졌다.

얼마의 시간이 흘렀을까. 다이애나의 집사가 그녀에게 다가왔다.

"무슨 일이죠? 불이 난 건가요? 아니면 전쟁이라도 또 터진 거냐구요!!"

다이애나는 집사를 보자 날카롭게 소리쳤다.

"그게……."

집사는 선뜻 말을 하지 못했다.

"어서 말해 보라니까요!!"

"사람들이 모두 샤넬의 발표회장으로 간 것 같습니다."

"뭐라고요?!"

"그러니까 1시간 전쯤 샤넬이 발표회를 30분 연기한다고 했답니다. 그래서 그 시간 동안 여기에 있다가 샤넬의 발표회 시간이 돼서 그쪽으로 다들 간 것 같습니다."

집사의 이야기를 들은 다이애나는 털썩 바닥에 그대로 주저앉아 버렸다. 다리에서 힘이 모두 빠져나가 서 있을 수가 없었다.

"이럴 수는 없어! 이럴 수는 없단 말이야!!"

다이애나는 미친 사람처럼 눈물을 흘리며 고함을 질렀다.

발표회가 시작되기 30여 분 전 코코는 모델들이 입고 있는 옷을 세심하게 살펴보고 있었다.

코코는 오늘, 같은 시간에 폴 푸아레가 발표회를 연다는 사실도 모르고 있었다. 일주일 내내 집에 들어가지도 않은 채로 가게에서 옷 만드는 일에 열중해 있었기 때문이었다.

그런데 발표회가 시작되기 전, 한 모델이 입고 있는 옷이 마음에 들지 않았다. 소매 부분의 통이 좁아 불편해 보였기 때문이다.

"그 옷 벗어요! 소매 부분을 다시 만들어야겠어요."

"옛? 지금 소매를 다시 만든다고요?!"

코코의 말에 모델보다 재봉사들이 더욱 놀랐다.

"소매가 마음에 들지 않아요."

"하지만 이제 20분밖에 안 남았습니다. 지금 다시 만들게 되면 제시간에 맞출 수가 없습니다. 조금 마음에 안 드신다고 해도 그냥 진행해야 하지 않겠습니까?"

"그럴 순 없어요!"

코코는 재봉사의 말에 단호하게 말했다.

"물론 그냥 진행한다고 해도 사람들 눈에 안 띌 수 있겠죠. 하지만 그렇다고 마음에 안 드는 걸 발표할 순 없어요! 그렇게 사람들을 속이는 건 사기에요!! 난 디자이너지 사기꾼이 아니란 말입니다!!"

재봉사들을 더 이상 말을 할 수가 없었다.

"발표회는…… 이미 많은 사람들이 기다리고 있습니다."

"가서 약간의 사정이 생겨 30분 정도 연기한다고 이야기하세요!"

직원들은 걸어서 불과 10여 분 걸리는 곳에서 폴 푸아레도 발표회를 하는 사실을 알고 있었다. 하지만 그 사실을 코코가 모르는 편이 여러모로 좋을 것이라고 판단해 이야기를 하지 않았다. 뭔가를 의식하게 되면 좋은 작품이 안 나올 수도 있기 때문이었다.

이런 상황에서 발표회를 연기한다면 사람들의 관심은 폴 푸아레에게로 옮겨갈 것이 분명했다. 직원들이 걱정하는 것은 그것이었다.

그렇다 해도 코코는 결코 타협하지 않을 것을 알기에 어쩔 수 없이 발표회를 30분 연기한다고 말하지 않을 수 없었던 것이다.

그러나 이러한 직원들의 우려는 기우였다. 시간이 되자 다시 사람들은 코코의 발표회장으로 몰려들었던 것이다.

코코의 발표회는 대성공이었다. 하나같이 코코와 닮은 모델들이 입고 있는 코코 스타일은 새로운 디자인의 편리함과 미적인 조화로 사람들을 사로잡았다.

오랫동안 여성들의 허리를 압박했던 코르셋은 코코의 시대가 열리며 구시대의 유물로 역사 속에 사라져 갔다. 대신 그 자리를 저지하우스*라 불리는 코코의 패션들로 채워 갔다.

발표회가 끝난 다음 날, 패션 잡지들은 일제히 코코의 패션을 특집 기사로 실어 거의 전 지면을 장식했다. 그에 반해 폴 푸아레의 패션은 많은 비평에 직면해야 했다.

이것으로 패션계의 진정한 왕이 가려진 것이다.

사람들은 열렬한 환호로 진정한 왕을 맞이했고 코코를 마드무아젤이라고 불렀다.

저지하우스 - 코코 샤넬이 파격적이고 독창적인 의상들로 패션계의 흐름을 주도한 스타일의 집단을 의미한다. 저지로 만든 재킷과 타이트스커트뿐만 아니라 퀼트 백과 구두, 그녀의 헤어스타일까지 전 세계적으로 주목받는 아이템이 되었다.

사랑을 잃고 샤넬 N°5가 탄생하다

1919년 크리스마스 이브를 하루 앞둔 날 밤.

코코는 창밖으로 조금씩 흩날리는 진눈깨비를 바라보았다. 추운 창밖과는 달리 집 안엔 몇 시간 전에 들렀던 보이의 온기가 남아 있는 듯했다.

비록 보이가 결혼을 했지만 코코는 보이와 여전히 좋은 관계를 유지하고 있었다. 하지만 보이는 크리스마스를 가족과 함께 보내기 위해 얼마 전에 코코의 집을 떠났다.

보이가 곁에 없는 코코는 불 꺼진 크리스마스 트리 같았다. 화려한 성공도 그에 따른 명성과 부도 보이의 빈자리를 채워 주지 못했다.

외롭고 고독했다.

코코의 보이에 대한 사랑은 아무것도 변한 게 없었다.

새벽녘까지 잠을 이루지 못하고 뒤척이던 코코는 다급하게 문을 두드리는 소리를 들었다.

코코는 잠옷을 걸친 채로 방을 나섰다.

코코가 막 현관이 보이는 계단에 다다랐을 때, 보이의 친구와 코코의 집사가 이야기하는 소리가 들려왔다.

"이보게······. 어서 마드무아젤을 깨워 주게. 보이가 교통사고를 당했단 말일세."

"교통사고라고요?"

"난 도저히 마드무아젤에게 이야기할 수 없다네. 그녀의 눈을 보며 보이의 사고를 이야기할 수 없단 말이네."

"그럼 보이님이?"

"불행하게도 차가 전복되는 바람에 그 자리에서 사망했네."

계단에서 그 소리를 듣고 있던 코코는 단 한 발짝도 움직이지 못한 채로 돌이 되어 버린 것 같았다.

그리고 몇 분이 흘렀을까.

"아악!!!"

코코의 비명이 온 집안을 울렸다.

집사와 보이의 친구는 코코의 비명에 놀란 표정으로 계단 쪽을 바라보았다. 코코가 한 손으로 계단 난간을 잡은 채 주저앉아 다른 손으론 자신의 가슴을 움켜쥐고 있었다. 숨을 쉬기가 곤란한 듯 괴로운 표정이었다.

코코의 가슴은 갈가리 찢겨져 버렸고 숨을 쉴 수 없을 정도로 고통스러웠다.

한참을 그렇게 고통에 빠져 있던 코코가 자리에서 일어섰다.

"지금 당장 차를 준비해 줘요. 봐야겠어요! 보이가 어떻게 죽었는지 내

눈으로 봐야겠단 말이에요!!"

아직 밤이 걷히지 않은 새벽길을 달려 보이의 교통사고가 난 장소에 도착했다. 이미 그곳은 사고 처리가 끝난 것 같았다.

하지만 군데군데 자동차의 파편들이 흩어져 있었고, 바닥에는 보이가 흘린 것으로 보이는 핏자국이 있었다.

코코는 핏자국이 떨어진 땅바닥에 주저앉았다.

그녀는 도저히 받아들일 수가 없었다. 쉴 새 없이 눈물이 쏟아졌다. 복잡한 감정이 거대한 파도처럼 코코의 작은 가슴 속을 휘몰아쳤다.

어느새 진눈깨비는 하얀 눈이 되어 코코의 몸 위로 떨어지고 있었다.

"보이……. 이제부터 난 그 어떤 사람도 당신만큼 사랑하지 않을 거예요."

눈은 바닥에 주저앉아 있는 코코의 온몸에 수북이 쌓이고 있었다.

그렇게 코코는 오래도록 온몸에 눈이 쌓이듯이 보이를 가슴에 묻고 있었다.

코코의 영혼까지도 차지하고 있었던 사람.

옆에 있는 것만으로도 세상을 다 가진 것 같은 힘을 주었던 사람.

안녕, 보이……. 안녕…….

슬픔은 거기서 끝나지 않았다.

동생 앙투아네트가 스스로 목숨을 끊었던 것이다.

도빌에서 처음 가게를 열 때부터 코코를 도와 누구보다 헌신적으로 일을 했던 앙투아네트였다. 언제나 코코의 말을 잘 따랐던 앙투아네트는 몇 해 전 결혼을 함과 동시에 캐나다로 갔지만, 남편과의 불행한 결혼

생활은 그녀를 죽음에 이르게 만들었다.

코코는 심연과도 같은 깊은 슬픔 속으로 빠져 들었다.

하지만 코코는 자신의 슬픔을 내색하지 않았다. 마치 슬픔을 잊으려는 듯이 일에 몰두했다.

그녀는 가끔씩 오래전부터 어울렸던 예술가들의 모임에 나가곤 했다. 예술가들은 코코의 슬픔을 잘 알고 있었다.

코코의 패션에 검은 색상이 쓰이기 시작한 건 이때쯤이었다. 그전까지만 해도 검은색은 슬픔의 색이고 어둠의 색이었다. 아무도 검은색을 패션에 쓰려 하지 않았다.

하지만 코코는 달랐다. 그녀는 거의 모든 종류의 옷에 검은색을 사용하였다. 마치 자신의 가슴속 슬픔을 세상 모든 여자들의 옷에 새겨 넣으려는 듯했다.

코코 샤넬의 검은색은 곧바로 사람들을 매혹시켰다.

이미 코코는 패션계의 왕이자 마드무아젤이었다. 그녀의 모든 건 이미 하나의 패션이었다.

"그는 나를 닮았어. 그의 눈은 너무나 슬퍼서 그 눈을 보고 있으면 나의 슬픔을 잊게 돼."

코코는 가장 친한 친구인 미시아에게 드미트리에 대해서 그렇게 말했다.

드미트리 파블로비치 대공은 제정帝政* 러시아 로마노프 가의 황제인

제정帝政 – 황제가 다스리는 정치 또는 나라.

니콜라이 2세의 조카였다.

하지만 러시아 혁명으로 황제를 비롯한 그의 가족들은 혁명군에 의해 살해되었고, 황실의 재산 역시 혁명군의 손에 모두 넘어가 버렸다.

이제는 몰락해 버린 황가의 후예인 드미트리에게 코코는 깊은 연민을 느꼈다. 비록 가진 것은 없었지만 그에게는 황가의 후예다운 근엄함이 있었다.

"드미트리. 당신은 황족이에요. 하고 싶은 건 뭐든 마음껏 하세요. 제가 곁에 있을게요."

코코는 드미트리를 위해 아낌없는 재정적 후원을 해 주었다.

드미트리를 만나면서 코코는 러시아의 문화와 예술에 흠뻑 빠져들었다. 새로운 문화는 코코에게 많은 영감을 주었다. 그러한 영감은 코코의 손을 거쳐 화려한 패션으로 부활하였다.

샤넬 패션에서 슬라브기*라고 불리는 러시아 패션의 시작이었다.

"코코. 잠시만 시간을 내줄 수 있겠소?"

모처럼의 휴일, 정원에서 따사로운 햇살을 즐기고 있던 코코에게 다가오며 드미트리가 말했다.

"물론이죠, 대공. 대공께서 원하시면 전 언제나 시간을 낼 수 있어요."

슬라브기 – 코코 샤넬이 러시아 발레의 영향을 받아 러시아 문화 특유의 신비함을 감각적으로 패션에 선보인 시기이다. 이 시기의 패션은 샤넬의 전형적인 수직 라인이 기본이 되었지만 순수한 슬라브적 분위기를 살리기 위해 진주와 인조 보석으로 화려하게 수를 놓아 샤넬이 추구하는 기존의 단순함에서 탈피하였다.

코코는 자리에서 일어서며 깍듯이 말했다. 그녀는 언제나 예우와 공경심으로 드미트리를 대했다.

"나와 함께 잠깐 갈 곳이 있어요. 소개시켜 줄 사람이 있거든요."

드미트리가 코코를 데리고 간 곳은 파리 외곽 농장에 있는 허름한 건물이었다.

코코는 왜 이런 곳으로 자신을 데리고 온 것인지 묻고 싶었지만 묵묵히 드미트리를 따라 걸었다.

드미트리는 망설임 없이 낡은 건물 안으로 들어섰다. 이미 몇 번 와 본 것 같았다.

코코 역시 건물 안으로 들어섰다. 그러자 코코의 콧속으로 묘한 향기가 밀려 들어왔다. 난생 처음 맡아 보는 기묘하고도 달콤한 향기였다.

그리 넓지 않은 건물 안에는 갖가지 실험 도구들이 놓여 있었다. 알려지지 않은 과학자의 실험실 같았다. 그곳엔 덥수룩한 모습의 에르네스 보가 손님이 온 줄도 모른 채 실험에 열중하고 있었다.

"보, 날세."

드미트리가 뒤쪽에서 보를 불렀다.

그제야 보는 고개를 돌렸다.

"대공님, 오셨습니까? 미처 들어오시는 것을 보지 못했습니다. 무례를 용서해 주십시오."

보는 드미트리에게 경건하게 예를 취했다.

"인사하게. 전에 이야기했던 마드무아젤 코코 샤넬이네."

드미트리는 보에게 코코를 소개했다.

"오오…… 마드무아젤. 이렇게 만나 뵙게 돼서 무한한 영광입니다. 에르네스 보라고 합니다."

보는 깊이 허리를 숙이며 인사를 했다.

"코코 샤넬이에요. 근데 이 향기는 뭐죠? 어디서 나는 건가요?"

코코는 주위를 둘러보며 중얼거렸다.

"에르네스 보는 화학자이자 향수 제조가예요. 러시아 출신이지요."

드미트리가 말했다.

"이게 얼마 전에 완성한 향수인데 한번 맡아 주시겠습니까?"

보는 조그마한 실험용 용기를 코코에게 내밀었다.

코코는 용기를 받아 들고는 잠시 코를 막았다. 그리고는 뚜껑을 열고 용기 안 내용물의 향기를 맡았다. 향기는 코를 통해 순식간에 코코의 머릿속으로 퍼져 나갔다. 신비롭고 더할 수 없이 향기로웠다.

코코는 지금껏 무수한 향수를 사용해 봤지만 지금의 이 향수는 차원이 달랐다.

사실 시중에 나온 대부분의 향수는 라벤더나 장미, 라일락 등의 꽃을 정제해 만든 것으로 한 가지 꽃향기를 풍기는 게 고작이었는데 그마저도 금세 향이 사라져 버리곤 했다.

그에 비해 지금 이 향수는 뭐라 형언할 수 없는 복잡한 냄새가 섞여 있었는데 코코마저도 한 번에 사로잡아 버렸다.

"이 향수의 이름이 뭔가요?"

"아직 짓지 못했습니다. 마드무아젤께서 지어 주시겠습니까?"

"내가요?"

코코 샤넬을 대표하는 향수, 샤넬 N°5

"저는 마드무아젤께서 이 향수를 같이 완성해 주었으면 하고 있습니다."

코코는 곧바로 보와 계약을 체결했다. 그리고는 향수병을 디자인하는 일에 매달렸다.

며칠을 고심한 끝에 정사각형의 유리병에 하얀 상표가 달린 레테르로 마무리한 향수병이 완성되었다.

코코는 이 향수의 이름을 샤넬 N°5라고 지었다. 일체의 장식이 배제된 가히 단순함의 극치라 할 만한 향수병도 그러하거니와 N°5란 향수의 이름 또한 획기적인 것이었다.

보는 N°5라는 향수의 이름과 단순한 향수병이 그리 마음에 들지 않았다. 하지만 이름과 병은 다른 사람도 아닌 코코가 디자인한 것이었다. 보가 마음에 들어 하지 않아도 어쩔 수 없는 일이었다.

코코는 새로운 판매 기법을 사용하기로 마음먹었다. N°5를 출시하기에 앞서 자신의 전 매장에 N°5 향수를 뿌렸다.

코코의 매장에 드나드는 사람들은 난생 처음 맡아 보는 향기에 매료되었다. 그건 너무나도 당연한 일이었다. 그동안 라벤더면 라벤더, 장미면 장미 한 가지의 꽃향기에만 익숙해 있던 사람들은 코코의 매장에서 풍겨지는 기묘하기도 하고 강렬하기도 하고 화사하기도 한, 뭐라 설명할 수 없는 기분 좋은 향기에 취하지 않을 수가 없었다.

N°5는 꽃향기뿐만 아니라 사향노루, 향유고래 등에서 나오는 약 80여 가지의 원료를 혼합해서 만든 것이었다.

사람들의 궁금증은 커져만 갔다. 하지만 향기의 정체에 대해서 제대로 아는 사람이 없었다.

여기저기서 샤넬 향수에 대한 소문이 퍼져 나갔다. 그리고 마침내 코코의 전 매장에서 N°5가 모습을 드러냈다.

일대 광풍이 불어왔다. 사람들은 N°5에 열광했다.
이러한 광풍은 유럽을 넘어 미국에까지 불기 시작했다.
이제 N°5는 할리우드의 유명한 여배우나 평범한 가정집의 주부 할 거 없이 누구나 갖고 싶은 물건이 되었다.
샤넬의 명성은 마치 향수의 향기가 퍼지듯 전 세계적으로 퍼져 나가고 있었다.

패션계를 떠나다

"파산? 파산이라구?!!"

한때 거대한 저택과 많은 땅을 소유하고 있던 다이애나는 결국 늘어난 빚을 감당하지 못하고 파산하고 말았다.

특히 샤넬과의 발표회에서 참패 후, 많은 돈을 들여 계속 폴 푸아레를 후원했지만 폴 푸아레의 옷은 시간이 갈수록 판매가 저조했고 막대한 빚이 쌓인 다이애나는 파산할 수밖에 없었다.

다이애나는 자신의 화려했던 시절을 말해 주는 거대한 저택에서 쫓겨나 파리 변두리의 허름한 셋방으로 이사해야 했다.

"이런 데서 살라구? 어째서 내가 이런 데서 살아야 돼!!"

다이애나는 도저히 현실을 받아들일 수가 없었다.

"이게 다 샤넬 때문이야! 샤넬이 날 망친 거라구!!"

다이애나는 자신의 비참한 현실을 샤넬 탓으로 돌렸다. 그녀에 대한 미움은 자신의 처지가 어려워질수록 더욱 깊어만 갔다.

시간이 갈수록 샤넬의 부와 명성은 더욱 높아져 갔다. 지금의 다이애나의 처지에선 샤넬을 만나는 것 자체도 어려운 일이었다.

"두고 봐! 너 역시 나처럼 비참해지고 말 테니까! 반드시 그렇게 만들어 주겠어, 샤넬!"

다이애나는 이를 악물고 샤넬 회사의 종업원으로 취업했다.

이미 코코 샤넬은 20여 개가 넘는 지점에 2,400명이나 되는 종업원을 거느린 재벌이었다. 코코는 그 많은 종업원을 일일이 관리하는 게 아니어서 다이애나가 자신의 종업원이 된 걸 알지 못했다.

코코는 그 누구보다도 바쁜 일상을 보내고 있었다. 할리우드에서 의상을 담당하는 일도 맡게 되었다.

이렇게 바쁜 와중에서도 예술가들과의 관계는 더욱 활발해졌다. 그녀는 많은 예술가들에게 아낌없는 후원을 베풀었다. 코코에게 있어 예술가들은 언제나 특별한 존재였다. 그들은 영감의 원천이었고 창작에 몰두할 수 있게 해 주는 동반자였다.

1930년대에 접어들면서 코코는 패션의 아이콘으로 우뚝 서 있었다.

하지만 사회는 급격한 변화에 휩싸여 있었다. 특히 1년 전 주가 대폭락과 함께 생겨난 대공황은 사회 구조 자체를 뒤바꾸고 있었다.

거리는 실직자들로 넘쳐 났고 부자들은 더욱 부를 얻어 갔다. 가난한 자는 더욱 가난해지고 부자는 더욱 부자가 되는 이른바 양극화 현상이 심화되어 갔다. 그리고 그 속에서 사회주의 사상에 근거를 둔 노동자 운동이 서서히 싹트고 있었다.

이렇게 대공황의 태풍이 불어 닥쳤지만 코코는 그다지 큰 영향을 받지 않았다. 여전히 샤넬 패션은 잘 팔려 나갔다.

돈과 명성을 얻었지만 코코는 일을 게을리 하지 않았다. 오히려 늘 일에 파묻혀 있었다.

그러던 어느 휴일, 코코와 미시아는 차를 마시고 있었다.

"미시아, 폴과 사귀기로 했어."

느닷없이 코코가 선언하듯 말했다.

"뭐? 폴? 폴이라면 폴 이리브를 이야기하는 거야?"

미시아는 코코의 말을 믿을 수가 없었다.

"맞아."

코코는 짧게 대답했다.

"제정신이야? 폴이 어떤 사람인지는 네가 잘 알고 있잖아! 그 사람은 믿을 수가 없는 사람이야."

"……."

코코는 아무 대답도 없이 차만 마셨다.

코코와 미시아는 예전부터 폴 이리브를 잘 알고 있었다.

폴은 디자이너였다. 하지만 그다지 성공하지도 못했고 평판도 좋은 편이 아니었다. 폴이 내세울 거라곤 준수하게 생긴 얼굴뿐이었다.

그런데 하필 폴이라니…….

미시아는 코코가 제정신이 아니라고 생각했다.

"다시 한 번 생각해 봐, 코코! 이건 분명히 잘못된 선택이라구!"

미시아는 코코를 설득하려 했다.

"네게 충고를 듣자고 한 소리가 아니야. 그러니까 그 사람에 대해서 더 이상 이야기하지 말았으면 좋겠어."

코코는 단호하게 말했다.

미시아는 더 이상 이야기할 수 없었다. 코코를 누구보다 잘 아는 미시아였다. 코코가 한번 마음먹은 일은 절대 바꾸는 일이 없다는 걸 잘 알고 있었다.

오래전 드미트리가 미국으로 떠난 후 코코는 세계 제일의 부자라는 웨스트민스터라는 사람을 사귀었고 빈털터리 시인도 만났었다. 하지만 어느 누구도 코코의 사랑이 되지 못했다.

코코도 나이를 먹고 있었고, 무엇보다도 일에 지쳐 있었다.

코코에겐 위안이 될 수 있을 만한 그 무엇이 필요했다. 아마도 폴 이리브를 선택한 건 그 때문인지도 모른다.

코코와 폴은 급속히 가까워졌다. 그리고 때를 기다렸다는 듯이 폴은 코코의 사업에 관여하기 시작했다.

폴은 캉봉 가에 있는 샤넬의 본점 마드무아젤의 사무실 안으로 들어갔다. 그곳은 오직 샤넬과 그녀가 허락한 사람만이 드나들 수 있는 곳이었다.

폴은 샤넬의 의자에 앉아 수석 디자이너들을 소집했다. 10여 명의 주요 디자이너들이 허겁지겁 사무실 안으로 들어갔다.

"무슨 소리를 하는 것이야? 우린 엄연히 비즈니스를 하고 있어! 잘 안 팔리는 품목은 리스트에서 제외하란 말이야!!"

폴은 디자이너들에게 소리를 질렀다.

"그건 특별히 마드무아젤이 아끼는 스타일이라……."

"이제부터 그런 변명은 듣고 싶지 않아! 잘리고 싶지 않으면 시키는 대로 해!!"

"……."

디자이너들은 꿀 먹은 벙어리처럼 아무 대답도 하지 않았다.

"내 말이 말 같지 않아? 어째서 대답이 없는 것이야! 내가 코코를 대신하고 있다는 걸 모르겠어?"

폴은 위협적인 표정으로 말했다.

"아닙니다. 무슨 말씀인지 알겠습니다."

수석 디자이너가 어쩔 수 없다는 듯이 대답했다.

"내가 있는 이상, 앞으로 많은 변화가 있을 거야! 따라오지 못하는 자는 그 누구를 막론하고 바로 해고가 된다는 걸 명심해!"

폴은 마치 자신이 샤넬 회사의 주인인 듯 말했다.

폴의 말은 단순히 위협이 아니었다. 실제로 몇 명의 수석 디자이너가 교체되었고, 폴의 마음에 들지 않는 직원들 역시 가차 없이 해고되었다.

폴의 전횡이 거듭될수록 직원들의 불만이 높아져 갔다.

하지만 코코는 그런 것들에 전혀 관심이 없고 집에 있는 시간이 많아졌다. 코코가 집에 있는 시간엔 어김없이 캉봉 가의 마드무아젤 사무실은 폴의 차지였다.

어느 날 오후, 미시아가 허겁지겁 코코의 집으로 들어왔다.

코코는 넓은 집안 곳곳에 꾸며져 있는 장식물들을 살펴보고 있었다.

"이야기 들었어, 코코? 이번에 나온 보석들 말이야. 그가 모조리 바꿔 버렸어!"

"그래?"

코코는 심드렁한 표정으로 대답했다.

"지금 그렇게 태평하게 있을 때가 아니라구, 코코!! 보석뿐만 아니라 옷 스타일도 바뀌고 있다구! 알아?"

"……."

코코는 아무 대답도 없이 장식물들을 바라보았다.

"지금까지 네가 쌓아 올린 모든 게 바뀌고 있단 말이야! 폴을 그대로 두면 모든 게 무너져 버릴 거야!"

미시아는 절박한 표정으로 말했다.

명성이라는 것은 하루아침에 땅으로 떨어질 수 있다는 것을 미시아는 잘 알고 있었다. 그건 코코도 예외일 수는 없었다.

폴을 막지 못하면 그가 모든 것을 망쳐 놓을 것이다. 미시아는 초초하고 절박할 수밖에 없었다.

"코코, 내 말 듣고 있는 거야?!"

그때서야 코코는 미시아를 바라보았다.

"미시아, 집 안에 장식물이 너무 많지 않아?"

"뭐?"

"어제 폴이 그랬거든. 집 안에 장식이 너무 많다고. 그래서 다 치워 버릴까 해."

미시아는 어안이 벙벙한 표정으로 코코를 바라봤다. 그녀는 일 같은 건 어떻게 되든 아무 관심이 없는 듯했다.

"그럴 게 아니라 아예 이 집을 팔아 버리고 호텔로 들어갈까 해. 폴이 그랬거든. 이렇게 많은 방은 필요 없다고."

미시아는 바닥에 털썩 주저앉았다.

도무지 눈앞의 코코를 이해할 수가 없었다. 전혀 다른 사람을 보고 있는 듯했다.

코코는 확실히 변했다. 마치 마법에 걸린 것처럼 폴과 만나기 시작하면서 다른 사람이 되어 있었다.

코코에게 그동안의 상처와 피로가 한꺼번에 몰려들었다. 코코는 무기력해졌고 일에서 도망치려 했다. 결코 무너질 것 같지 않던 코코가 무너져 가고 있었다. 그리고 그의 패션 왕국 역시 같은 운명에 처해 있었다.

미시아는 그것이 두려웠다. 무너져 버린 코코와 그녀의 왕국을 보고 싶지 않았다.

하지만 코코는 미시아의 그 어떤 말에도 깨어나지 않았다.

샤넬의 분점에서 재봉을 하고 있던 다이애나는 절호의 기회가 오고 있음을 깨달았다. 그동안 다이애나는 철저히 자신을 위장한 채로 기회만을 엿보며 고된 일을 마다하지 않고 있었다.

폴이 회사 일에 관여하기 시작하면서 직원들의 불만은 날로 높아져 갔다. 노동할 시간은 길어지고 급료는 낮아졌다. 더구나 별다른 이유 없이 해고되기가 일쑤였다.

다이애나는 이런 절호의 기회를 놓칠 수가 없었다.

그녀는 불만이 많은 직원들을 하나씩 포섭해 나갔다. 당시 여러 기업 내부에서 노동자들의 권익을 보호하기 위해 파업이 성행하고 있었다. 그러한 사회 분위기에 샤넬의 직원들도 동요하고 있었다. 그 와중에 폴의 등장은 기름을 부은 격이었다.

다이애나는 대규모 파업을 준비하기 시작했다.

샤넬 왕국은 풍전등화의 위기로 빠져들고 있었다.

폴은 이제 샤넬의 전 사업에 걸쳐 영향력을 행사하기 시작하였고, 그에 따라 샤넬 패션의 스타일도 변화하고 있었다.

하지만 샤넬은 아는지 모르는지 전혀 관여할 생각을 하지 않았다. 마치 자신의 패션 왕국이 무너져 버리기를 바라기라도 하는 것처럼 무관심으로 일관했다. 이제 샤넬 왕국이 추락하는 것은 시간문제인 것 같았다.

화창하게 맑은 오전, 코코와 폴은 몇몇 지인들과 테니스를 치고 있었다.

코코는 공을 몇 번 쳐 보다가 이내 그늘 쪽으로 가서 앉았다.

"폴은 정말 테니스를 잘 치는 것 같아. 아예 프로 선수로 시합에 나가도 될 것 같지 않니?"

코코는 폴이 테니스를 치는 모습을 보며 말했다.

"폴은 운동이라면 뭐든 잘하잖아."

미시아가 퉁명스럽게 대답했다.

"이젠 폴을 받아들일 때도 되지 않았어?"

"내가 제일 두려운 게 뭔지 알아?"

"두려운 거? 그게 뭐지?"

코코가 미시아를 바라보며 말했다.

"코코 네가 폴과 결혼한다는 말이 제일 두려워."

미시아는 전혀 변한 게 없었다. 그녀는 여전히 폴을 못마땅하게 생각했다.

"그래? 그럼 오늘 청혼을 해야겠군."

코코는 자신도 절대 양보하지 않을 거라는 듯이 이야기하고는 폴을 바라봤다.

그 순간, 열심히 테니스를 치고 있던 폴이 풀썩 앞으로 꼬꾸라졌다.

코코는 경악하며 폴에게 뛰어갔다.

바닥에 쓰러진 폴은 눈을 부릅뜬 채로 온몸을 부들거리며 떨고 있었다.

"오오…… 폴! 이러지 말아요! 정신 차려요!!"

코코가 주저앉으며 폴을 안아 들었다.

하지만 눈을 부릅뜬 채로 코코를 바라보던 폴은 한마디 말도 하지 못한 채로 추욱 늘어져 버렸다.

심장이 멈춰 버렸던 것이다.

코코의 심장도 같이 멈춰 버린 것 같았다. 그러면서 가슴속 깊이 묻어 버린 코코의 영원한 사람 보이의 죽음이 떠올랐다.

폴의 장례가 끝난 뒤에도 코코는 잠을 이룰 수가 없었다. 눈을 감으면 보이와 폴의 환영이 코코를 괴롭혔다.

잠들 수 없는 불면의 밤들, 혼자 감당할 수 없는 괴로움의 시간들이 이어졌다.

코코는 그렇게 괴로움의 늪에서 헤어나지 못할 것만 같았다.

폴의 장례가 끝난 지도 한 달이 가까워 오고 있었다.

미시아에게도 폴의 갑작스런 죽음은 충격이었다. 비록 그를 좋게 생각한 적은 없었지만 코코가 더없이 소중하게 생각했던 사람이었다. 코코가 받았을 충격을 생각하면 가슴이 아팠다.

하지만 더 큰 문제는 코코가 이대로 영영 일어서지 못할지도 모른다는 것이었다. 늘 곁에서 코코를 보고 있었기에 그런 불안은 더욱 커졌다.

며칠 전에는 자신에게 수면제까지 부탁했었다. 미시아는 수면제가 코코에게 도움이 될지도 모른다는 생각으로 수면제를 주머니에 넣고 코코가 묵고 있는 호텔 방 안으로 들어섰다.

"미시아, 왔어?"

코코는 미소 띤 표정으로 방문을 열어 주었다.

"잠깐만 여기 앉아서 기다려 줘. 지금 회의 중이라서."

코코는 미시아에게 의자를 권하고는 회의 탁자가 있는 곳으로 걸어갔다. 그곳에는 샤넬 패션의 중요 인사들이 앉아 있었다.

미시아는 귀신이라도 본 것 같은 표정으로 자리에 앉아 코코를 바라보았다. 어제까지 괴로움에 빠져 있던 코코의 모습이 아니었.

코코는 단정하게 차려 입고 정성스럽게 화장까지 한 모습으로 회의를 하고 있었다.

"그렇군요. 생각했던 것보다 심각하군요."

코코는 회사 상태를 보고 받고는 회사가 처해 있는 상황을 분명하게 인식했다.

"그동안 신경을 못 써서 미안해요. 하지만 난 충분히 극복할 수 있다고 생각합니다. 나부터 일에 몰두할 생각입니다. 모든 직원들에게 그렇게 전달해 주세요."

"알겠습니다. 마드무아젤."

회사의 중요 인사들이 돌아간 뒤에 코코는 회사의 현재 상태를 알 수 있는 서류를 꼼꼼히 살펴보았다.

"어떻게 된 거야, 코코?"

미시아가 서류를 보고 있는 코코에게 다가오며 물었다.

"뭐가?"

"뭐가라니? 난 네가 부탁한 수면제까지 사 왔단 말이야! 여기 이거 보여?"

미시아는 주머니에서 수면제가 든 통을 꺼내 보여 주었다.

"수면제 같은 건 필요 없어. 일을 하면 되니까. 언제나 그랬거든. 일에 몰두하면 모든 걸 잊을 수가 있어. 이번엔 일을 할 수 있는 상태가 되기까지 시간이 좀 걸렸을 뿐이야."

"당연히 회복하는데 시간이 좀 걸릴 수밖에 없겠지. 코코도 이젠 좀 나이가 들었으니까."

"나이?"

코코는 생소한 단어라는 듯이 미시아를 바라보았다.

"그래, 나이."

"그런 건 아무 상관없어. 내가 곧 스타일이니까!!"

코코는 당당하게 말했다.

그만큼 코코는 자신이 있었다. 코코가 어떤 스타일을 창조하든 사람들을 휘어잡아 오지 않았던가!

괴로움, 슬픔, 고독, 이별 등이 코코를 괴롭힐 때마다 코코는 일을 선택했다. 일에 몰두하는 것으로 그 모든 상처를 견디어 왔다.

이번에도 예외가 아니었다. 어느 정도 시간이 흐르자 코코는 그동안 자신을 가두었던 마법을 풀어헤치고 일어선 것이다. 폴 이리브를 만나기 전의 코코의 모습으로 완전히 되돌아온 것이다. 달라진 거라곤 나이가 조금 들었고 좀 더 야위었다는 것뿐이었다.

미시아는 흐뭇한 표정으로 코코를 바라보며 이제 코코가 돌아온 이상 코코의 패션 왕국은 정상으로 돌아갈 것이라고 확신했다.

코코 역시 미시아의 생각과 다르지 않았다.

다음날 아침.

코코는 정성스럽게 화장을 끝내고 호텔을 나섰다.

자신의 기업을 정상으로 만들어 놓기 위해선 해야 할 일이 산더미처럼 쌓여 있다는 것을 잘 알고 있었다.

문밖에는 코코의 비서가 미리 와 대기하고 있었다. 코코는 비서와 함께 캉봉 가의 본점으로 향했다.

꽤 오래 비워 놓았던 자신의 집무실로 향하는 코코의 마음은 가벼운 흥분에 조금은 들떠 있었다. 다시 일을 한다는 것이 더없이 소중하게 느껴졌다. 코코는 지금껏 그 누구도 경험하지 못했던 패션을 만들어 내리라 다짐했다.

하지만 그렇게 당당하게 걸어가던 코코의 발걸음은 캉봉 가 본점 앞에서 멈출 수밖에 없었다.

캉봉 가 본점 앞에는 코코의 직원들로 가득 메워져 있었다. 파업이었다.

직원들은 모두가 살벌한 표정으로 처우 개선과 노동자의 권리를 외쳐 댔다. 코코로서는 전혀 상상도 못했던 일이 벌어진 것이다.

코코는 걸음을 멈춘 채 직원들을 바라보았다. 그러자 파업을 하고 있던 직원들이 코코를 발견하고는 코코 주위로 몰려들었다. 그들은 금방이라도 코코를 부숴 버릴 듯이 목소리를 높였다.

하지만 코코는 당황하지 않았다. 이내 정신을 차린 코코는 한 치의 흐트러짐도 없이 본점 건물 쪽으로 발걸음을 옮겼다.

그러자 파업을 하고 있던 직원들이 코코의 앞을 막아섰다.

"들어가실 수 없습니다."

앞을 막아선 직원이 소리쳤다.

"어째서 길을 막는 것인가요? 여긴 내 건물이고 내 회사예요!"

코코가 버럭 소리를 질렀다.

"도대체 무슨 권리로 내 일을 뺏겠다는 것인가요? 난 들어가야겠어요!"

코코의 단호하고도 당당한 모습에 직원들이 주춤거렸다.

"내 방문은 열려 있어요! 하고 싶은 말이 있는 사람은 언제든 내 방으로 와서 이야기하세요!!"

코코의 말에 직원들은 아무런 대답도 할 수 없었다.

그들 앞에 서 있는 코코는 단순히 기업의 사장이 아니었다. 전 국민 아니 세계의 마드무아젤이라고 칭송 받는 패션의 왕이었다. 누구도 코코를 함부로 대할 수 있는 사람은 없었다.

파업을 하던 직원들은 코코 앞에서 급속히 위축되어 갔다.

바로 그때 날카로운 목소리가 코코와 파업 시위대의 귓속을 파고들었다.

"당신의 방문은 열려 있지 않아!!"

코코와 시위를 하던 직원들은 모두 고개를 돌렸다.

직원들 틈에서 다이애나가 걸어 나왔다.

"당신 방문은 열려 있지 않다구! 늘 닫혀 있어! 무슨 비밀의 문처럼 허락된 사람이 아니면 아무도 들어갈 수가 없지, 안 그래?"

다이애나는 맹렬한 눈빛으로 코코를 쏘아보았다.

코코는 선뜻 말을 뒤받을 수 없었다. 다이애나의 말이 어느 정도 사실이었기 때문이었다. 코코의 집무실은 직원이라고 해도 아무나 함부로 들어갈 수가 없었다. 코코의 허락 없이는 말이다.

"여기가 당신의 건물이고 당신 회사라고 했나? 당신 혼자서 이 모든 걸 만들었다고 생각하는 거야? 천만에! 당신 혼자 한 게 아니야! 여기…… 여기 보이는 수많은 노동자들이 피땀을 흘린 대가라는 것을 한 번이라도 생각해 본 적이 있어?"

파업 직원들은 다이애나의 말에 일제히 환호성을 지르며 동조했다.

오랫동안 계획하고 준비했던 일!

다이애나는 드디어 샤넬을 파산시킬 기회를 잡았다고 생각했고, 마치 맹수가 덮치듯이 코코를 공격했다.

"그런데 우리에게 돌아온 것은 뭐야? 고작 빵 몇 개를 살 수 있는 돈이 전부야! 우린 우리 손으로 만든 옷도 살 수가 없었어. 하지만 당신은…… 당신은 어땠지? 항상 넘쳐 나는 돈으로 온갖 부귀영화를 마음껏 누리고 있어! 어째서 그래야 하지? 피땀을 흘리며 일한 건 우리들이야!!"

직원들은 맹렬히 타오르는 불꽃처럼 박수를 치거나 소리를 질러 댔다.

"지금까지의 대가를 받기 전엔 당신은 이 사무실에 결코 들어갈 수 없을 것이야!!"

"들어갈 수 없어!!"

"들어갈 수 없어!!"

다이애나의 주도에 따라 수많은 직원들이 함께 소리를 질렀다.

그때서야 코코는 자신 앞에 서 있는 자가 다이애나라는 걸 알았다. 하지만 어떻게 다이애나가 자신의 직원이 되어 이 앞에 서 있는지 생각할 겨를이 없었다. 비서가 코코를 잡아끌었기 때문이다.

"안으로 들어가는 것은 포기하고 일단 피하셔야 할 것 같습니다."

"피해야 한다구? 저긴 내가 지금까지 일해 온 곳이야! 그런데 어째서 내가 피해야 한다는 거야!"

코코는 쉽게 움직이려 들지 않았다.

"여기 있다간 무슨 일을 당할지 모릅니다. 저자들의 눈빛을 보십시오!! 이미 저들은 코코의 직원들이 아닙니다. 부탁입니다. 마드무아젤."

비서는 간곡하게 말했다.

비서의 말처럼 파업을 벌이는 직원들은 무슨 짓을 할지 몰랐다. 더구나 다이애나의 선동으로 도저히 통제할 수 없는 지경으로 치닫고 있었다.

어쩔 수 없이 코코는 발길을 돌려야 했다.

돌아서 걸어가는 코코의 뒷모습을 보며 다이애나와 파업을 하던 직원들은 광적인 환호성을 질러 댔다.

호텔로 돌아온 코코는 말이 아니었다. 충격은 어마어마하게 코코를 강타했다. 지금껏 맛봤던 그 어떤 것보다도 코코에게 충격이었다. 참담함과 분노가 끓어오르더니 이내 죽음과도 같은 절망이 스며들었다. 코코에게서 일할 공간을 빼앗는다는 건 죽음과도 같은 것이다.

그런데 다른 것도 아닌 자신의 직원들에 의해 그런 일을 겪어야 한다는 건 그 무엇으로 치유될 수 없는 깊은 상처를 주었다.

폴 이리브의 죽음 이후 그나마 남아 있는 모든 것을 짜내어 일에 몰두하려던 코코는 그마저도 사라져 버리고 있었다. 온몸의 힘이 빠져 버렸던 것이다.

소식을 들은 미시아가 호텔로 달려 왔다.

코코는 마치 시체처럼 의자에 기대어 앉아 있었다.

"오오…… 코코. 가련한 코코……. 어떻게 이런 일이!"

코코의 눈동자는 창밖에 고정된 채로 움직이지 않았다. 눈동자를 움직일 힘마저도 사라져 버린 것 같았다.

"너무 상심하지 마, 코코! 그런 직원들은 다 해고시켜 버리면 돼! 감히 누구에게…… 감히! 코코가 하고 싶은 건 뭐든 할 수 있어! 그러니까 아무 일도 아니라고 생각해!"

미시아는 분노로 부들거렸다.

"곧 겨울이 오려나 봐."

여전히 창밖을 바라보며 코코는 힘없이 중얼거렸다.

미시아는 의아한 표정으로 코코를 바라보았다.

"독일은 나치가 정권을 잡고 전쟁을 준비하고 있다지?"

"무슨 소리야?"

"아빠는 살아 있을까?"

"도대체 무슨 말을 하고 있는 거냐구, 코코!"

미시아는 상처 받은 코코의 모습을 곁에서 많이 보아 왔었다. 하지만 지금과 같은 모습은 본 적이 없었다. 더구나 아빠라니?! 코코는 지금까지 단 한 번도 아버지는 물론이고 그와 관련된 이야기를 꺼낸 적이 없었다.

"죽었겠지? 그랬을 거야……. 살아 있다면 내 이름을 듣지 못했을 리가 없을 거야. 세상 어느 나라에 있건 말이야. 근데 내게 한 번도 나타난 적이 없는 걸 보면 죽었다는 이야기겠지."

샤넬 자매를 수도원에 내려놓고 사라져 버린 아버지였다. 코코는 수도원에서 나올 때까지 한 주도 빠짐없이 면회실에서 아버지를 기다렸다. 어쩌면 코코는 지금까지도 그 아버지를 기다리고 있었는지 모른다.

미시아는 코코가 안쓰러워 견딜 수가 없었다.

"기운 내, 코코. 넌 코코 샤넬이야. 알지? 코코 샤넬!"

미시아가 힘없이 축 처진 코코의 손을 꼭 잡으며 말했다.

"코코 샤넬? 그래, 난 코코 샤넬이지. 하지만 미시아……. 이제 그만하고 싶어."

"뭐라구?!"

미시아는 자신의 귀를 의심했다.

"쉬고 싶어."

하지만 미시아는 아무 말도 할 수가 없었다. 쉬고 싶다고 말하고 있는 코코의 얼굴이 너무도 피곤해 보였기 때문이었다.

코코는 더 이상 말이 없었다. 넋이 나간 사람처럼 창밖만을 바라보았다.
미시아의 눈에서 왈칵 눈물이 쏟아졌다.
"코코……."
코코는 진정 슬퍼 보였다.

며칠 동안 코코의 호텔로 샤넬 패션의 주요 간부들과 이사진들이 드나들었다. 그때까지도 캉봉 가 본점의 문은 닫혀 있었다.
코코는 주요 간부들에게 샤넬 패션의 대주주로서 남겠다고 말했다. 그건 명목상 사장으로 있을 뿐 실제 경영은 이사진이 선출한 다른 사람이 한다는 뜻이었고, 더 이상 코코의 손에 의해 옷이 만들어지지 않는다는 선언이나 마찬가지였다.
간부들은 코코의 결정을 하나같이 반대했다.
"제발 생각을 바꾸십시오. 마드무아젤!!"
"그렇습니다. 그렇지 않아도 많은 새로운 디자이너들이 등장하고 있는데 지금 마드무아젤이 옷을 만들지 않는다면 앞날을 장담할 수가 없습니다."
"누가 뭐래도 샤넬의 주인은 마드무아젤이십니다. 그러니 제발 생각을 바꿔 주십시오."
간부들의 간곡한 호소에도 코코의 결심을 바꿀 수는 없었다.
코코에게 더 이상 옷을 만들 기운도 열정도 남아 있지 않았다.
오랜 시간 동안 유럽을 넘어 세계를 지배했던 샤넬의 시대가 저물고 있었다.

그 소식은 즉각 직원들에게 알려졌고 다이애나의 귀에도 전해졌다.

다이애나는 기쁨을 주체할 수 없었다.

"어때? 샤넬. 지금 기분이? 내가 파산할 때의 기분을 조금이라도 알 수 있겠어? 부숴 버리겠다고 했지? 내가 널 부숴 버리겠다고 말이야! 넌 끝났어, 샤넬! 결국 내가 이긴 거야, 알아? 이 다이애나가 이긴 거라구!! 하하하!!"

다이애나는 미친 듯이 웃으며 소리를 질러 댔다.

마침내 다이애나의 오랜 소원이 이루어진 것이다. 샤넬을 꺾고 말겠다는 소원이…….

올드 레이디 샤넬의 부활

유럽은 또다시 전쟁에 휩싸였다. 히틀러가 이끄는 나치 독일이 무지막지한 군사력으로 폴란드를 침공하였던 것이다.

영국과 프랑스를 비롯한 강대국들은 즉각 독일에 선전포고를 함과 동시에 전쟁에 돌입하였다. 하지만 폴란드가 그랬던 것처럼 프랑스 역시 독일에 맥없이 무너졌으며 파리에 점령군인 독일의 군사 정부가 들어서게 되었다. 독일에 의한 프랑스 통치가 시작된 것이다.

코코로서는 두 번째 겪게 되는 세계 대전이었다. 하지만 패션계에서 커다란 성공의 발판이 되었던 1차 세계 대전과는 달리, 2차 대전은 코코에게 막대한 시련을 안겨 주었다.

경영에서 손을 떼긴 했지만 코코는 이미 유명 인사였다. 그런 코코를 프랑스를 점령한 독일의 군사 정권이 가만 놔둘 리가 없었다. 코코도 그런 사실을 짐작하고 있었지만 대수롭지 않게 생각했다.

"아무래도 어디 다른 나라로 피신하는 게 낫지 않겠니, 코코?"

무자비하고 악명 높은 독일군에 대한 소문은 이미 프랑스 전역에 퍼져 있었다. 미시아는 그런 독일군이 코코에게 무슨 짓을 할지도 모른다고 두려워했다.

"나보고 도망이라도 가라는 거야, 미시아?"

"그런 게 아니잖아. 너도 알다시피 프랑스 정부도 영국으로 옮겨 갔다구!"

"한심한 일이야. 나라를 지켜야 될 사람들이 영국으로 도망쳤다는 게 말이 돼!"

"아마 독일 놈들이 코코 널 가만히 두고 보진 않을 거야."

"두고 보지 않으면 죽이기라도 한대? 그자들이 날 죽일 수 있을 것 같아? 아마 내 몸에 손가락 하나 댈 수 없을걸! 너무 걱정할 거 없어, 미시아."

코코는 오만함이 느껴질 정도로 당당하게 말했다. 그녀는 독일군을 너무 몰랐던 것이다. 이미 수백만의 유태인이 수용소로 끌려가 죽거나 죽음을 기다리고 있다는 사실 역시 그저 소문일 뿐이라 생각하고 있었다.

독일군이 코코의 집으로 밀어닥친 건 그런 이야기를 하고 있던 중이었다. 장교로 보이는 자가 7~8명의 총을 든 사병들과 함께 집 안으로 들어온 것이다.

"누가 코코 샤넬인가?"

장교는 미시아와 코코를 바라보며 물었다.

"당신은 샤넬의 얼굴을 한 번도 본 적이 없는 건가요? 내가 코코 샤넬이에요!"

코코는 전혀 두려움이 느껴지지 않는 목소리로 대답했다.

올드 레이디 샤넬의 부활

"그렇군. 당신이 샤넬이군. 따라오시오. 나와 함께 가 줘야겠으니까."

장교가 위압적인 목소리로 말했다.

"어째서 당신이 하라는 대로 하지 않으면 안 되는 거죠? 난 이 집에서 나가고 싶은 마음이 없어요."

그 소리를 들은 장교의 표정이 일그러졌다.

"하라는 대로 하지 않으면 왜 안 되는지 알고 싶은 모양이군."

장교는 허리춤에서 총을 꺼내 코코의 얼굴을 겨눴다. 부하들 역시 기관총을 코코에게 겨눴다. 시커먼 총구가 지옥의 구멍처럼 코코의 눈에 들어왔다.

아무리 천하의 코코라 해도 총구의 모습은 두려웠다.

장교가 코코를 데리고 간 곳은 군사 정부의 부속 건물로 쓰이던 한 호텔의 스위트룸이었다.

그곳엔 나치 독일의 선전 장관 괴벨스가 앉아 있었다.

괴벨스는 샤넬이 안으로 들어서자 자리에서 일어서 정중하게 인사를 했다.

"마드무아젤을 뵐 수 있어서 무한한 영광입니다. 혹시 제 부하가 무례하게 굴진 않았습니까?"

괴벨스의 말에 코코는 힐끗 자신을 데리고 온 장교를 바라보았다. 장교의 얼굴에 두려움이 가득했다.

하지만 코코는 아무 말도 하지 않았다.

"자넨 나가 보게. 자, 여기로 앉으십시오."

괴벨스는 장교를 내보내고 코코에게 의자를 빼어 자리를 권했다.

괴벨스는 코코 정면에 앉아 샤넬의 패션과 명성에 극진한 존경을 표시했다. 그리고는 정중히 자신에게 협조해 줄 것을 요청했다.

"잘 아시겠지만 전 이미 사업에서 손을 뗀 몸이에요. 할 수 있는 게 없어요."

"어려운 것을 부탁하고자 하는 게 아닙니다, 마드무아젤. 군복을 만드시는 게 어렵다면 저희 나치군 군복을 디자인한다거나 뭐 그런 정도는 마드무아젤에게 쉬운 일이 아니겠습니까? 승낙하는 것으로 알고 있겠습니다."

괴벨스는 정중한 어투를 사용했지만 그건 무시무시한 협박이었다.

사실 괴벨스가 코코를 죽이고자 마음먹는다면 그건 아주 간단한 일일 것이다. 하지만 괴벨스는 코코를 프랑스 국민에 대한 선전물로 이용하고 싶었다. 코코 같은 대중적인 명사도 나치 독일을 위해 일을 한다는 점을 알리고 싶었던 것이다.

"생각해 보지요."

코코는 확답을 주지 않았다.

애초부터 코코는 나치 독일에 조금도 협력하고 싶은 생각이 없었다. 그렇다고 해서 협조하기 싫다고 이야기할 수도 없었다. 코코는 애매모호한 태도를 취하면서 시간을 벌고자 했다.

코코의 전략은 성공적이었다. 나치 독일은 결코 코코에게서 그들이 원하는 걸 얻어 낼 수 없었다.

나치 독일의 지도부는 고심했다. 하지만 코코를 죽이는 것보다 살려 두는 쪽이 득이 될 거라 판단했다. 대신 다른 방법으로 이용하기로 했다. 그것은 프랑스 점령군의 나치 독일 행사에 코코를 강제로 동원하여

국민들에게 보여 주는 것이었다.

코코는 그것마저 거부할 순 없었다. 부득이 그녀는 원치 않는 행사에 얼굴을 내밀어야 했다.

1944년, 마침내 나치 독일이 전쟁에서 패해 물러나게 되면서 프랑스가 해방되었다.

프랑스가 해방되자 프랑스 정부는 나치 독일에 협력한 사람들을 대대적으로 색출하여 재판에 회부하였다. 전국적으로 12만 명의 프랑스 인이 반역죄로 사형을 당했다. 또 많은 여성들이 사람들 앞에서 공개적으로 삭발을 당해야 했다.

코코도 체포되어 재판에 회부되었다. 하지만 코코가 나치 독일에 협력했다는 뚜렷한 증거를 찾지 못한 정부는 재판이 시작된 지 하루 만에 코코를 풀어 주었다.

문제는 여론이었다. 강제적으로 행사에 동원되었던 코코에 대한 국민들의 여론은 차가웠다. 어쩔 수 없이 코코는 중립국인 스위스로 망명을 선택할 수밖에 없었다. 전쟁 중에도 떠나지 않았던 조국 프랑스를 떠나야 했던 것이다. 사람들의 눈을 피해 스위스로 떠나는 코코의 나이는 어느덧 예순 살이었다.

기차가 프랑스 국경을 떠나 스위스에 도착할 때까지 긴 시간 동안 코코는 아무 말도 하지 않았다. 지금 자신의 모습처럼 그동안 쌓아 왔던 자신의 업적도 명성도 역사 속으로 사라지고 있음을 코코는 알고 있었다.

코코는 고독했다. 평생을 고독 속에서 싸워 온 그녀였지만 역사의 뒤

안길로 사라져 가는 그날은 너무도 고독했다.

무슨 이유에서인지 아이를 가질 수 없었던 코코. 그래서 결혼도 할 수 없었던 그녀에겐 남편도 아이들도 없었다.

그나마 절친한 미시아가 남아 있다는 것이 약간의 위안이었다.

우렁찬 기적 소리를 울리며 코코를 태운 기차는 어둠 속으로 사라져 갔다.

1950년대가 들어서면서 패션계는 새로운 감각으로 무장한 디자이너들이 속속 새로운 패션을 들고 모습을 드러냈다.

크리스티앙 디오르, 피에르 가르뎅 등을 중심으로 한 뉴룩*이 샤넬이 사라진 자리를 차지하기에 이른다.

스위스의 호텔에서 오랜 망명 생활을 하고 있던 코코는 어느 날 패션 잡지와 프랑스 신문을 들고 방 안으로 들어왔다.

"미시아, 이걸 보라구!! 이런 것들이 파리에서 뉴룩이라고 불린다더군."

코코는 불만에 가득한 목소리로 패션 잡지와 신문을 흔들며 소리쳤다.

미시아는 코코가 가지고 온 패션 잡지와 신문을 살펴보았다.

"보여? 내 눈엔 하나같이 다 형편없는 것들이야. 어떤 건 코르셋을 입어도 허리를 맞출 수가 없다구! 지금이 어느 때인데 코르셋이라니?"

코코는 흥분해 있었다.

"상관없잖아. 어떤 스타일이 생기든지."

뉴룩 - 1947년에 크리스티앙 디오르가 발표한 새로운 실루엣이다. 어깨는 자연스럽게 내려오고 허리를 매우 가늘게 했으며 가슴을 풍만하게 하였다. 무릎 아래까지 내려오는 플레어스커트는 8개의 라인을 넣어 풍성한 여성미를 자랑한다.

"뭐가 상관없다는 거지?"

"상관없지 않으면 또 옷이라도 만들겠단 거야?"

미시아가 코코를 바라보며 물었다.

"안 될 이유라도 있어?"

코코는 자신만만하게 미시아를 바라보았다.

"뭐? 지금 코코 나이가 일흔이라고! 프랑스를 떠난 지도 10년이 다 되어 가잖아."

"그래서 내가 이 패션 같지도 않은 뉴룩 따위에게 밀리기라도 할 것 같아?"

미시아는 말문이 막혔다. 도대체 저런 자신감이 어디서 나오는지 불가사의하기까지 했다.

"무슨 말이 하고 싶은 거야, 코코?"

"돌아갈 거야. 파리로."

코코는 오래전부터 준비해 왔다는 듯이 말했다.

미시아는 놀라지 않았다. 그동안 코코 옆을 지키면서 겪어 왔던 놀라움에 비하면 이 정도는 아무것도 아니었다. 다만 미시아가 부러운 건 코코의 식지 않는 열정이었다. 나이가 들었어도 전혀 꺾이지 않았던 것이다.

"너라면 할 수 있을 거야, 코코. 분명히."

미시아는 미소를 지으며 말했다.

코코 샤넬이 파리로 돌아온다는 소식은 삽시간에 프랑스 전역으로 퍼져 나갔다.

코코가 파리에 도착했을 때 수많은 취재진이 문전성시를 이룬 채 대기

하고 있었다.

코코는 수많은 취재진과의 인터뷰 자리에서 당당히 다시 옷을 만들 거라고 선언했다. 이미 70세가 넘은 고령의 코코가 치열한 패션의 원형 경기장 안으로 걸어 들어갔던 것이다. 많은 사람들은 그런 코코를 기대 반 걱정 반의 시선으로 바라보았다.

이미 전설이 되어 버린 코코였다. 과연 전설이 만들어 내는 패션은 어떤 것일지에 대한 기대는 당연한 것이었다.

하지만 패션은 살아 있는 생물과도 같은 것이었다. 그것은 시대의 흐름과 상황에 민감하게 변화하였다. 수많은 디자이너들이 그 변화의 흐름에 휩쓸려 사라져 갔다. 감각이 없거나 재능이 모자라거나 노력 없이는 잠시도 버틸 수 없는 싸움터가 패션 무대였다. 그 무대 위에 서기엔 코코의 나이가 너무 많았다. 더구나 옷에서 손을 놓은 지도 너무 오랜 시간이 흘러 있었다.

사람들은 코코가 아무리 전설이라고 해도 버틸 수 없을 거라고 생각했다.

하지만 코코는 사람들의 우려에도 아랑곳없이 바쁘게 움직였다. 우선 자신과 함께 오랫동안 일했던 직원들을 모집했다. 일일이 그녀가 직접 전화를 했다.

"나야, 코코. 내 목소리 알아보겠나?"

"잊을 수가 있겠습니까? 마드무아젤."

"그럼 됐네. 당장 내 곁으로 와 주게. 자네가 필요해."

"왜 돌아오셨나요? 지겹지도 않으세요?"

"지겹지. 그렇다고 홀랑 벗고 있을 순 없는 일 아닌가. 자네도 나도 입을 옷이 필요해. 옛날에 만들어 놨던 옷들이 다 떨어졌거든.”
　코코의 목소리를 들은 직원들이 다시 칠십이 넘은 코코 주위로 몰려들었다. 비록 나이가 들었을지언정 코코는 조금도 변하지 않았다.
　“서둘러. 우린 한눈을 팔 시간이 없어. 우리에게 남은 시간이 얼마 없어!!”
　코코는 사막을 횡단한 사람이 물을 마시듯이 일에 매달렸다. 나이는 아무런 장애가 되지 않았다. 그리고 마침내 130여 점의 의상을 만들었다.

　발표회장에는 많은 기자들과 사람들이 전설의 귀환을 보기 위해 무대 위를 주시하고 있었다.
　곧 패션쇼가 시작될 시간이었다.
　코코는 대기실에서 자신의 의상을 입은 모델들을 하나하나 꼼꼼하게 살펴보았다. 그녀는 의상을 살펴보고 있는 자신의 손끝이 떨리고 있음을 느꼈다. 무수한 발표회를 거쳐 온 코코도 이 순간만큼은 긴장하고 있었던 것이다.
　패션쇼가 시작되었다.
　모델들은 코코가 혼신의 노력으로 만든 의상을 입고 패션쇼 무대를 누비기 시작했다. 하지만 열렬한 환호성이 가득할 거라 생각했던 발표회장은 아무런 반응이 없었다. 마치 무덤처럼 조용했다.
　그 모습을 바라보고 있던 코코는 당황했다. 늘 갈채에 익숙해 있던 코코에게는 지금의 침묵이 무척이나 낯설었다. 관중들의 침묵은 패션쇼가 끝날 때까지 이어졌다.
　명백한 실패였다. 그 오랜 세월 동안 단 한 번도 맛보지 못한 실패를

처음으로 맛보았다.

예상대로 다음날이 밝기 무섭게 언론에선 코코의 실패를 대서특필했다. '난처한 침묵' 또는 '대실패', '우울한 회고전' 등의 헤드라인이 신문 지상을 장식했다. 그건 코코의 감각이 시대에 뒤떨어졌다는 냉엄한 평가였다. 70세가 넘은 코코는 역시 패션 무대에 서기엔 너무 늙었던 것일까?

코코가 캉봉 가로 돌아왔을 때 밤이 늦은 시간임에도 직원들은 모두 자리를 지키고 있었다. 직원들은 모두 코코를 위로해 주고 싶었다. 지치지 않은 열정을 지닌 노老전사의 실패, 그리고 아픔을 함께 나누고 싶었다. 그들 앞에 선 코코에게 먼저 말을 건넨 직원은 누구 한 사람 없었지만 직원들의 눈빛에서 그런 마음을 충분히 읽을 수 있었다.

코코는 직원들에게 고개를 숙였다. 난생처음 진정으로 감사한 마음을 담아 직원들에게 고개를 숙인 것이다. 그리고 조용히 입을 열었다.

"미안해요, 여러분. 나는 이제 감각을 모두 잃어버린 것 같습니다."

코코의 솔직한 고백이 직원들의 가슴을 아프게 했다. 직원들의 눈에는 눈물이 맺혔다. 실패를 인정하는 코코의 가슴에도 아픈 눈물이 흘렀다.

"아니요! 전 마드무아젤의 말을 인정할 수 없습니다."

직원 한 명이 소리쳤다.

"그래요! 마드무아젤은 아무것도 잃어버린 게 없어요! 늘 최고의 감각과 재능이 있어요! 그건 마드무아젤이 옷을 만드는 동안 영원할 거예요!"

다른 직원이 따라 소리쳤다.

"맞아요. 계속 싸우셔야 해요. 그리고 이겨 내셔야 해요. 힘내세요. 마드무아젤. 우린 마드무아젤과 함께 싸울 겁니다!"
 직원들이 일제히 소리를 질렀다.
 '그래. 난 혼자가 아니었어. 내겐 함께 싸울 사람들이 곁에 있었어. 이 사람들을 위해서라도 여기서 그만둘 수가 없는 거야.'
 코코의 얼굴엔 눈물이 흘러내렸다. 오랜 세월 동안 고통 속에 말라 버렸던 눈물이 다시 흘러내렸다.

 코코와 직원들은 다시 일을 시작했다.
 무슨 일이 있어도 코코는 잃어버린 감각을 다시 찾아야만 했다. 또 실패를 한다면 다시는 기회가 없을 것이란 걸 잘 알고 있었다. 하지만 마음과는 달리 코코의 육체는 이미 70세가 넘었다. 손가락은 관절염에 시달렸고, 몸은 조금만 오래 서 있어도 쉽게 지쳐 왔다.
 옛날처럼 밤을 새워 작업을 한다는 건 상상도 못할 일이었다. 육체의 고통이 코코를 괴롭힐 때마다 포기하고 싶은 생각이 들었다.
 코코는 혼신의 노력을 다했다. 육체가 그녀를 괴롭혀도 그녀의 열정은 식을 줄을 몰랐다.

 다시 1년이 지났을 때 코코는 또다시 무대에 오를 준비를 마칠 수 있었다.
 대기실에서 패션쇼의 시작을 기다리는 직원과 모델들은 잔뜩 긴장해 있었다. 그들은 이번 패션쇼의 의미를 너무나 잘 알고 있었다.
 "다들 긴장할 거 없어요. 평소처럼만 하면 돼요. 모든 책임은 나 코코가 질 테니까요."

코코는 모델들의 긴장을 풀어 주려는 듯이 미소를 띠고 말했다.

이상하게도 코코는 마음이 편안했다. 최선을 다했기 때문에 결과가 나쁘다 하더라도 후회는 없을 것이다. 아마도 그런 생각이 코코를 편안하게 했으리라.

그때 미시아가 병든 몸을 이끌고 코코를 보기 위해 대기실로 왔다.

"여긴 뭐하러 온 거야, 미시아. 병원에나 있을 것이지."

미시아는 요즘 들어 부쩍 병세가 심해져 병원에 입원해 있었다.

"무슨 소리야. 코코의 패션쇼를 보면서 죽을 수 있다면 그보다 더한 행복이 어디 있다고."

미시아는 힘없이 떨고 있는 손으로 코코의 손을 잡았다.

미시아는 이번 패션쇼가 무척이나 걱정스러웠다. 수십 년을 함께 해 온 오랜 친구, 어쩌면 마지막이 될지도 모를 오랜 친구의 이번 무대를 병실에서 지나칠 수가 없었다. 설사 객석에서 죽는 한이 있어도…….

코코는 자신의 손을 잡고 있는 주름지고 힘없는 미시아의 손에서 그런 마음을 느낄 수가 있었다.

또 한 사람, 허름한 옷차림의 노인이 패션쇼가 벌어질 극장 안으로 걸어 들어왔다. 유난히 많은 주름은 그간의 세월을 이야기해 주는 것 같았다. 다이애나였다.

자신의 손으로 끝장을 냈다고 생각했던 샤넬의 컴백 소식은 다이애나에게 엄청난 충격이었다. 샤넬이 컴백하다니……. 이제는 바늘을 들 힘도 없을 샤넬이 어떻게……. 도저히 믿을 수가 없었다.

다이애나는 참담한 실패로 끝났던 코코의 컴백 무대를 지금처럼 조용히 패션쇼장으로 와 구석 한편에서 지켜보았다. 하지만 코코의 실패를 바라보는 다이애나의 마음은 복잡했다. 아무런 기쁨도 느낄 수 없었다. 대신 한쪽 가슴이 찡하게 아파 오는 걸 느꼈다. 도대체 그것이 무엇인지 다이애나는 알 수 없었다.

  다이애나가 지금 다시 패션쇼장을 찾은 건 무엇이 자신의 가슴을 아프게 한 건지 확인하고 싶어서였다. 다이애나는 조용히 객석 한쪽으로 가 자리에 앉았다.

패션쇼가 시작되었다.
화려하게 꾸며진 무대 위로 모델들이 걸어 나왔다.
단추 구멍과 주머니 단을 장식 처리한 **투컬러 재킷!**
가죽 사이에 황금 체인이 달린 누비 **가죽 가방!**
그리고 베이지색에 검정 레이스가 달린 **투톤 펌프스!**
새로운 샤넬룩이 무대를 수놓았다.
무대를 보는 사람들은 자신의 눈을 의심했다.
저것이 정녕 70세가 넘은 디자이너의 작품이란 말인가?
사람들은 묘한 감정에 휩싸였다. 어떤 거대한 울림이 사람들의 가슴을 강타했다.

난 코코 샤넬이고 내가 곧 스타일이다!

그건 70세가 넘은 늙은 디자이너의 외침이 아닌 시대를 뛰어넘는 거인

의 외침이었다.

　발표회가 끝나고 모델들과 함께 코코가 무대 위로 걸어 나왔다. 사람들은 모두 자리에서 일어서서 열렬한 박수로 시대의 거인을 맞이하였다. 노구의 몸을 이끌고 오직 식지 않는 열정 하나만으로 감각을 되살려낸 코코에 대한 감탄과 존경 그리고 감동의 박수였다.

　그 모습을 보고 있는 미시아의 눈에선 쉴 새 없이 눈물이 흘러나왔다.

　코코는 사람들에게 인사를 하고는 입을 열었다.

　"나는 아직 살아 있습니다. 그리고 살아 있는 동안 계속 옷을 만들 겁니다. 관절염이 걸린 제 손은 그걸 원치 않겠지만 난 멈추지 않을 겁니다."

　사람들의 박수갈채는 더욱 요란하게 오래도록 이어졌다.

　그리고 그 박수갈채 뒤쪽으로 다이애나는 조용히 문을 열고 사라져 갔다.

불멸의 거장, 영원히 잠들다

　새로운 샤넬 스타일은 곧 전 세계를 강타했다. 그야말로 선풍적인 인기를 끌기 시작했다. 거리엔 샤넬 스타일의 모조품들이 넘쳐 났다. 코코가 부활에 성공했던 것이다. 그건 단순한 패션 디자이너의 부활이 아닌 거인의 부활이었다.

　하지만 좋은 일이 있는 만큼 그 대가도 치러야 했다. 오랜 친구이자 가장 친한 벗인 미시아가 끝내 숨을 거둔 것이다.

　"먼저 가 있어, 이 친구야. 언제가 될진 모르지만 나도 가게 될 테니까. 그곳에서 또 지겹도록 만나. 미시아."

　이제 코코 곁에는 아무도 없었다. 비록 왕의 자리로 부활에 성공했지만 다른 디자이너들의 도전은 점점 거세져 갔다.

　이브 생 로랑, 피에르 가르뎅, 앙드레 쿠레주, 파코 라반…….

　그들과의 싸움에서 승리란 없다는 것을 코코는 잘 알고 있었다.

이미 그녀는 황혼의 빛을 길게 드리운 태양이었다. 얼마의 시간이 지나면 태양은 수평선 너머로 모습을 감출 것이다. 그렇게 코코가 태양처럼 진다고 해도 패배자로 남진 않을 것이다.

이미 그녀는 승패 같은 것으로 나뉠 수 없는 존재가 되어 있었다. 그렇다고 해서 그녀는 게으르거나 일손을 놓는 일이 없었다. 조금 더 여유로워지고 조금 더 고독해졌을 뿐 코코의 열정은 변한 게 없었다.

1950년대에 들어서고 의류의 대량 생산 체제가 갖춰지면서 디자이너 이름을 브랜드화한 기성복들이 전 세계 백화점 매장에 속속 들어섰다. 또한 유명한 브랜드를 모방한 값싼 모조품들이 시장에 넘쳐 나기 시작하면서 디자이너들은 자신의 제품이 모조품이 되어 팔려 나가는 것을 막기 위해 노력하였다.

하지만 코코는 자신의 제품이 모조품이 되어 팔려 나가는 걸 싫어하지 않았다.

어느 날 점심 식사를 마친 코코를 태운 차가 시장 근처를 지나고 있었다.

"샤넬 옷 사세요! 막 나온 샤넬 옷을 싸게 팝니다!!"

시장 입구에서 누군가 코코의 모조품을 팔고 있었다.

"차를 세워요."

코코는 차를 세우고 모조품을 파는 사람에게로 걸어갔다.

나이 많은 할머니가 샤넬의 모조품을 팔고 있었다. 그 할머니는 자신을 향해 걸어오는 사람을 한눈에 알아볼 수 있었다.

코코 역시 자신의 모조품을 팔고 있는 할머니 앞에 다가섰을 때 그 사람이 누구인지 알아봤다.

다이애나……. 그 할머니는 다이애나였다. 다이애나가 코코의 모조품을 팔고 있었던 것이다.

코코와 다이애나는 서로 얼굴을 바라보며 말이 없었다.

오랜 옛날 수녀원에서의 모습들이 스쳐 지나갔다. 다른 건 아무것도 떠오르지 않았다. 그저 어렸을 적 꿈을 꾸던 예쁜 소녀의 모습만이 떠올랐다. 세월이 이렇게 잔인한 것이라니……. 예쁜 소녀는 사라지고 이제 죽을 날이 가까운 노인만이 남아 있었다.

하지만 누구는 전설이 되었고 다른 사람은 전설의 모조품을 팔고 있었다.

"어쩌면 우린 친구가 될 수 있었을지도 모르는데."

코코가 미소를 지으며 혼잣말처럼 중얼거리고는 몸을 돌렸다.

"샤넬……."

다이애나가 샤넬을 불렀다. 샤넬이 고개를 돌려 다이애나를 바라봤다.

"내가 미워했던 건 네가 아니라 네 재능이었어."

다이애나는 주머니에서 낡은 손수건을 하나 꺼냈다. 그 손수건 안엔 옛날 수녀원에서 코코가 만든 장미 문양이 수놓아져 있었다.

"난 결코 이런 걸 만들 재능이 없었거든."

"다이애나. 재능은 그냥 재능일 뿐이야. 그 재능을 다듬어 보석을 만드는 건 순전히 자신의 몫이야. 결국 빛을 내게 하는 건 노력과 열정이지. 네게도 분명 다른 재능이 있었을 거야. 하긴 이런 게 인생인 거니까."

다이애나는 차로 걸어가는 코코의 뒷모습이 한없이 커 보였다.

어쩌면 코코의 말처럼 자신에게도 재능이 있었을지 모른다. 그것이 어떤 것이든 찾을 노력도 하지 않고 남이 가진 재능만을 질투하며 인생을 허비한 자신의 삶이 그토록 허망할 수가 없었다.
 늙은 다이애나의 얼굴 위로 회한의 눈물이 쉴 새 없이 흘러내렸다.

 80세가 넘은 코코는 부쩍 기력이 떨어졌다. 가위를 쥐는 것조차도 버거웠다. 하지만 코코는 시간이 되면 캉봉 가로 어김없이 출근을 하였다.
 코코는 휴일에 예정된 패션쇼를 위해 준비된 의상을 꼼꼼히 살펴보았다. 그리고는 호텔로 돌아와 지친 몸을 침대에 누였다.

"휴……. 이제 잠을 좀 잘 수 있겠군. 왠지 오늘 꿈엔 보이를 만날 수 있을 것 같아."

코코는 눈을 감고 긴 잠 속으로 빠져들었다. 그곳엔 코코의 예상대로 20대의 보이가 활짝 미소를 지으며 코코를 향해 팔을 벌리고 있었다.

1971년 그의 나이 여든일곱, 코코는 그렇게 숨을 거두었다.

코코가 살아온 시대는 폭풍의 시대였다. 사회 환경은 하루가 다르게 변했으며 세계 대전의 불길이 두 번에 걸쳐 전 유럽 대륙을 불태워 버렸다.

가난하고 보잘것없는 시골 출신의 버려진 아이, 가브리엘.

결코 폭풍의 시대에 살아남을 것 같지 않은 소녀는 무시무시한 비바람과 화염 속에서 누구보다 엄청난 거인, 코코 샤넬로 성장했다.

코코는 늘 자신감이 넘쳤으며 끊임없이 노력했다. 그리고 폭풍보다 더한 열정이 그의 가슴속에 남아 있었다. 또한 죽는 그 순간까지 자신이 해야 할 일을 미루지 않았다.

타고난 감각과 철저한 장인 정신, 그리고 예술에 대한 끊임없는 목마름은 그의 패션에 고스란히 녹아 시대를 뛰어넘는 걸작으로 탄생했다.

그리하여 코코는 패션이라는 거대한 예술의 문을 활짝 열어 놓았고, 그 신화가 되었다.

이제는 상표가 되어 버린 그의 이름, 샤넬.

샤넬은 현대 패션의 역사가 되어 전 세계에 고급 매장이 개설되었으며 명품으로 자리를 잡아 우리와 함께 살아 숨 쉬고 있다.

진눈깨비가 흩날리는 유난히 추운 초겨울, 코코는 스위스 로잔에 있는 자그마한 가족 공동묘지에 홀로 묻혔다.

인물 마주보기

코코 샤넬, 새로운 발상으로 세계 패션계를 평정하다

가브리엘 샤넬의 어린 시절

1883년 프랑스 소뮈르에서 가난한 장돌뱅이의 사생아로 태어난 가브리엘 샤넬.

13세 때 어머니가 병으로 죽고 난 후, 가브리엘을 돌볼 수 없던 아버지에 의해 다른 자매들과 함께 수도원(일종의 고아원)에 맡겨진다.

시간이 흘러 18세가 되어 고아원에서 나온 가브리엘은 물랭으로 가 의상실 점원을 하면서 가수가 되기 위해 성악 학원까지 다녔으나 가수로는 적합하지 않다는 판정을 듣고 가수의 꿈을 접는다.

가브리엘은 카페에서 일했을 때 얻은 코코 샤넬이라는 이름으로 새로운 삶을 시작한다.

코코의 사랑

코코는 에티엔 발장을 따라 콩피에뉴에 있는 발장의 성 루아얄리외에서 생활하게 되는데 그곳에서 파리 상류층의 사교 문화를 접하고 여러 인사들과 교류한다.

그리고 그곳에서 아서(보이) 카펠을 만나 운명적인 사랑에 빠진다.

보이는 코코 인생에 가장 중요한 인물로서 코코가 독립할 수 있는 기반을 만들어 주었을 뿐만 아니라 사업가로서 갖추어야 할 모든 것을 가르쳐 준 인물이다.

또한 코코가 평생 가장 사랑한 사람이기도 하다.

디자이너 코코 샤넬의 시작

1910년, 코코는 보이의 충고대로 루아얄리외에서 나와 모자점을 내고 본격적인 디자이너의 길로 들어선다.

코코의 모자점은 점차 성공의 기틀을 잡아가기 시작했고, 1913년에 휴양도시 도빌에서 모자뿐만 아니라 야회복까지 만들어 사업 영역을 확장하기 시작하였다.

마침내 1914년 제1차 세계 대전이 발발하면서 여성들의 사회 활동이 왕성해지고, 그에 따라 의복 역시 편안함이 중요한 기준으로 부각됐다. 이때부터 여성의 시각으로 실용성과 편리함을 강조한 코코의 옷은 시대 상황과 맞아 떨어지며 커다란 성공을 하기 시작한다.

이러한 성공으로 패션계에서 코코의 위상이 높아졌을 뿐만 아니라 그녀의 사업 역시 급속히 확장되어 불과 3년 만인 1916년에 직원 수가 300여 명에 달하기에 이른다.

하지만 전쟁이 끝난 지 얼마 지나지 않아 그의 연인이었던 보이가 교통사고로 목숨을 잃는 사고가 일어난다.

그로 인해 코코는 마음에 깊은 상처를 받지만, 그녀의 패션에 대한 열

정은 꺾일 줄 몰랐다.

패션계의 돌풍을 일으키다

1921년, 패션 역사에 한 획을 그은 향수샤넬 N°5가 출시되어 커다란 반향을 일으킨다.

뿐만 아니라 그녀의 패션 역시 선풍적인 인기를 끌면서 코코는 패션계에서 가장 영향력이 있는 디자이너로 우뚝 서게 된다.

많은 돈을 벌어들인 코코는 예술가들을 특히 존중하였는데, 많은 예술가들과 교류했을 뿐만 아니라 그들을 후원하는 데도 아낌없이 돈을 투자하였다.

1931년, 미국 할리우드의 의상 담당을 맡으면서 본격적인 미국 상륙을 시작한다. 그것은 코코의 명성이 유럽을 넘어 전 세계적이라는 것을 증명하고 있었다.

1934년, 코코는 약 4,000여 명의 직원을 거느린 패션 왕국을 건설, 전 세계적으로 샤넬 패션을 판매하기에 이른다.

코코의 시련

패션계를 평정한 코코는 1939년 제2차 세계 대전이 일어나면서 최대의 위기를 맞는다.

캉봉 가 31번지를 제외한 코코의 모든 사업장이 문을 닫게 된 것이다.

뿐만 아니라 그녀는 2차 대전이 끝난 후 프랑스를 점령했던 나치와의 관계 때문에 재판에 회부된다. 하루 만에 풀려나지만 악화된 국민감정에 부담을 느낀 프랑스 정부의 권유로 코코는 결국 스위스로 망명을 떠나게 된다.

패션계로의 복귀, 그리고 오늘날까지 빛나는 거장 코코 샤넬

그사이 프랑스에서는 소위 뉴룩으로 불리는 새로운 패션이 패션계를 장악한다.

패션계를 떠나 스위스에서 긴 망명 생활을 하던 코코가 1954년 71세의 나이에 패션계로의 컴백을 선언한다.

사람들은 이미 전설이 된 거인의 작품에 많은 관심을 가지고 지켜보지만 코코의 컴백 패션쇼는 실패로 끝이 난다.

하지만 그 이듬해 투컬러 재킷과 투톤 펌프스로 대표되는 그녀의 패션은 발표 즉시 선풍적인 인기를 끌며 전 세계 패션 시장을 강타하였을 뿐만 아니라 많은 모방품이 동네 시장까지 퍼져 나간다.

이미 고령인 코코였지만 1971년 만 87세의 나이로 세상을 떠날 때까지 쉬지 않고 현역으로 옷을 만드는 일에 매진하였다.

코코의 사후, 그녀의 유작 컬렉션이 큰 인기를 끌었으며 20세기 가장 위대한 패션 디자이너로 추앙되었다.

샤넬은 오늘날까지도 최고의 명품으로 전 세계에서 팔려 나가고 있다.

코코 샤넬 연보

1883	8월 19일 프랑스 소뮈르에서 출생.
1910	캉봉 가 21번지에서 '샤넬 모드'라는 이름으로 모자점을 열다. 과장된 화려함이 유행했던 당시와 대조되는 단순·단아한 옷을 입고 다니면서 선풍적인 인기를 끌다.
1913	도빌에서 첫 부티크를 시작하다.
1915	비아리츠에 부티크를 시작하다.
1916	저지스타일을 유행시켜 샤넬을 대표하는 패션을 완성하다.
1921	캉봉 가 31번지에 부티크를 시작하다. 이어 샤넬 N°5 향수가 탄생하다.
1924	'샤넬 향수' 회사를 설립하다.
1926	샤넬의 블랙 아이템(리틀 블랙)을 만들다.
1928	트위드(두꺼운 모직 천) 소재로 의상을 만들다.
1929	샤넬의 오트쿠튀르 살롱에 액세서리 부티크를 시작하다.
1931	샤넬이 의상 디자인을 처음으로 담당, 할리우드 영화의 여주인공 글로리아 스완슨의 의상을 만들다.
1934	특별 작업실을 열고 패션 액세서리 컬렉션을 발표하다. 값비싼 보석에서부터 인조 보석까지 다양한 아이템, 그리고 진주목걸이와 금목걸이 등을 긴 목걸이로 만들어 유행시키다.
1935	4,000명의 직원을 거느리고 전 세계에 의상을 판매하며 샤넬 브랜드가 엄청난 인기를 끌다.

| 1939 | 2차 대전이 일어나자, 캉봉 가 31번지에 위치한 부티크만이 영업을 계속하고 나머지 4개의 부티크는 문을 닫다. |

| 1954 | 샤넬이 스위스에서 망명 생활을 마치고 컴백하여 캉봉 가 31번지의 부티크를 새롭게 시작하다. 71세의 샤넬은 패션쇼의 첫 의상을 저지로 만들어 전 세계에 선보이다. |

| 1955 | 패션계에서 '20세기 최고의 패션 디자이너'라는 찬사를 받다. 샤넬 최초의 남성 향수 '뿌르 무슈'가 탄생하다. |

| 1959 | 샤넬 N°5 향수병이 가장 뛰어난 디자인으로 각광을 받으며 뉴욕 현대 미술관에 전시되다. |

| 1970 | 샤넬 N°19가 출시되다. |

| 1971 | 새로운 컬렉션이 발표되기 전, 1월 10일에 리츠 호텔에서 세상을 떠나다. 샤넬의 사후 진행된 컬렉션이 엄청난 히트를 치며 샤넬은 역사적 인물로 자리 잡다. |

무궁무진한 디자이너의 세계

디자이너가 구체적으로 무엇인지, 어떤 일을 하는 것인지 여러분은 아시나요? 디자인 하면 보통 코코 샤넬과 같은 패션 디자인을 떠올리기 쉽죠?

하지만 디자인에는 패션뿐만 아니라 건물, 인테리어, 웹, 자동차, 보석 등 그 종류가 아주 많답니다.

디자이너의 공통점은 상상하기를 좋아하고 사물을 스케치하는 습관이 되어 있다는 것입니다. 본문에서도 나왔지만 코코 샤넬 역시 뛰어난 창의력과 몸에 배인 스케치 습관을 가지고 있었습니다. 이를 바탕으로 세계가 주목할 엄청난 디자인을 창조할 수 있는 것이죠.

그럼 각 분야에서 활약하고 있는 직업에 대해서 알아볼까요?

패션 디자이너

패션 디자이너는 새로운 스타일의 옷을 그림으로 그리는 일을 합니다. 우선 디자인의 방향을 잡으면 어떻게 재단할지 생각하고 스케치를 합니다. 그 다음에 여러 가지 옷감과 무늬를 고르고 패턴사와 회의를 합니다. 이때, 옷마다 견본을 만들어 보고 원하는 옷이 나올 때까지 다시 고치는 작업을 반복합니다. 또한 옷의 종류, 스타일, 예상 판매가격 등 만들어져야 할 옷의 특징을 컬렉션 자료로 만듭니다. 이러한 제작 과정을 거쳐 만들어진 바지, 치마, 외투, 장신구 등은 다양한 방법으로 소비자에게 판매됩니다.

패션은 지역과 시대에 밀접한 관계가 있기 때문에 패션 디자이너는 세계 각국의 패션 유행 경향이나 새로운 원단, 독창적인 패턴을 알아봐야 하죠. 이를 위해 패션쇼에 가거나 새로운 정보에 늘 귀를 기울여야 합니다.

패션 디자이너는 주로 개인 디자인 사무실에서 독립적으로 일하거나 여러 명이 팀으로 일하는 의류 회사에서 근무하기도 하죠.

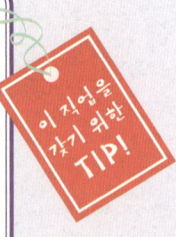

고교를 거쳐 대학에서 패션 디자인을 공부하는 것이 도움이 되고, 학원을 다니면서 디자이너 과정을 수료하는 방법도 있습니다. 패션 디자인 관련 학과는 패션 디자인과, 의상학과, 코디네이션과, 섬유패션과 등 다양하기 때문에 자신의 적성에 맞는 것을 찾아야 합니다. 파리와 뉴욕 등 패션의 발상지에 직접 가서 유학하는 것도 좋은 방법입니다. 무엇보다 패션에 대한 끊임없는 관심과 열정이 필요합니다.

건축가는 살기 좋은 편안한 공간에 중심을 두고 건물을 실용적이고 아름답게 디자인하고 만드는 전 과정에 참여합니다. 어떤 형태의 집이 적합한지 건축주와 상의하여 최적의 방법을 생각한 다음 아이디어를 스케치하고 설계를 자세히 디자인합니다. 이때 건물에 필요한 수도, 전기, 난방 등 각 분야의 전문가와 상의를 거쳐서 설계 도면을 완성하는 것이 중요합니다. 그리고 완성된 설계 도면과 관련 서류를 해당 관청에 제출하여 허가를 받은 후에 공사를 시작합니다.

공사를 할 땐 건축 비용을 정확히 계산하고 시공사를 선정해야 합니다. 일단 공사가 시작되면 건축가는 시공 현장을 열심히 방문하여 공사가 잘 되어 가는지 설계상의 실수가 없는지 확인하는 감리를 해야 합니다. 드디어 건축물이 완공된 후 관청에서 사용 승인을 받으면 모든 과정이 끝나게 됩니다.

건축 디자이너는 주변 풍경이나 사물을 보고 다양하게 상상하는 것을 즐겨야 합니다. 그런 과정에서 영감을 얻을 수 있기 때문입니다.

대학에서 건축학과를 졸업하여 실무 경력을 쌓고 건축 설계사 시험에 합격하여 건축 디자이너로 활동하는 방법이 있습니다. 이 직업은 장시간이 걸리기 때문에 인내심을 가지고 끊임없는 에너지를 쏟아부어야 합니다. 또한 디자인뿐만 아니라 환경과 설계 등 다방면으로 관심을 가지고 참여해야 합니다. 건축이라는 건 복합적인 분야의 종합 결정체이기 때문이죠.

건축 디자이너

인테리어 디자이너

인테리어 디자이너는 건축가가 설계한 공간을 각각 용도에 맞게 실용적이고 아름답게 꾸며 건물 내부를 구성하는 일을 합니다.

인테리어 디자이너는 넓은 의미에서 인테리어에 필요한 가구나 조명 기구, 벽지, 패브릭 등을 디자인하지만 그 가운데에도 다양한 영역이 있습니다. 예를 들면 가구나 마감재, 디스플레이 등을 기획하는 인테리어 코디네이터, 상품 판매나 기업 홍보를 목적으로 공간을 연출하는 디스플레이어 등이 있습니다.

인테리어 디자이너는 작은 소품일지라도 언제나 관심을 가지고 창의적인 생각을 하는 것이 중요합니다. 이것이 다양한 공간을 멋지게 디자인할 수 있는 힘이 되기 때문이죠.

대학에서 디자인과 관련된 전공을 이수한 다음 인테리어 기사 자격증을 따는 방법이 있습니다. 이 직업은 다양하고 복잡한 현장 상황과 예기치 못한 의뢰인의 요구를 해결할 수 있는 사람에게 적합합니다. 또한 아름다움에 관심이 많아야 하죠. 공간을 미적으로 완성시켜야 하기 때문입니다.

웹 디자이너는 인터넷 사용자들에게 정보를 효과적이고 아름답게 전달할 수 있도록 시각적인 효과를 만들어 내는 일을 합니다. 웹을 잘 꾸미는 것도 중요하지만 기능과 조화를 잘 이룰 수 있게 디자인해야 함을 명심해야 합니다. 왜냐하면 웹 디자인은 사용자와의 의사소통을 통해 완성되기 때문입니다.

웹 디자인의 종류는 홈페이지, 그래픽 작업, 일러스트, 플래시 애니메이션, 게임 등 여러 가지입니다. 웹 디자이너는 이러한 디자인을 할 때 최대한 다양한 샘플을 만들어서 평가를 합니다. 그중 테스트를 거쳐 완성된 몇 가지의 모델을 가지고 사용자 테스트를 합니다. 테스트 후에 발견되는 단점을 보완하여 최종 디자인을 완성하게 되는 것입니다. 사용자에게 최종적으로 공개한 이후에도 반응을 검토하여 디자인을 수정하고 개선하는 것이죠.

웹 디자인은 자신의 감정이나 의견을 잘 표출할 수 있고, 남의 말을 귀 기울여 들을 줄 알아야 합니다. 또한 자신만의 스타일을 독특하게 창조할 수 있다면 더욱 좋겠죠?

고교를 거쳐 대학에서 시각 디자인(웹 디자인)을 전공하고 웹 프로그램 관련 공부를 하는 방법이 있습니다. 웹 디자인은 애니메이터, 영상 디자이너, 웹 마스터, 웹 기획 등 그 분야가 광범위하여 학교마다 학과의 명칭이 정말 다양합니다. 그중 자신에게 맞는 분야를 선택하여 각종 프로그램을 익히면서 전문적으로 공부해야 합니다. 그리고 자신만의 포트폴리오를 만들어서 웹 관련 업체에 취업하면 웹 디자이너가 되기 위한 첫 발판이 마련된 것이죠.

웹 디자이너

자동차 디자이너

자동차 디자이너는 크게 세 가지 분야로 나누어서 작업을 합니다. 자동차의 외관 디자인(익스테리어), 실내 디자인(인테리어), 컬러 파트(소재, 색상)로 작업을 합니다. 회의를 거쳐 디자인의 세부 방향이 결정되면, 아이디어 스케치를 하게 됩니다. 우선 1/4 크기로 축소된 모형을 제작합니다. 이때 중요한 점은 자동차를 타는 사람의 입장을 고려해서 편안하고 안전하게 디자인할 수 있도록 신경 써야 합니다.

축소된 모형을 다양한 종류로 몇 가지 만든 후, 우수한 모형을 뽑기 위해 다시 의견을 교환합니다. 이 과정에서 선택된 모형을 공업용 진흙으로 실제 크기와 똑같이 만듭니다. 이것을 가지고 다시 회의를 거쳐 최종 모형을 선택하고, 이를 바탕으로 드디어 데이터 작업을 합니다. 이것은 3D를 통해서 자동차 설계를 입체적으로 보여주는 것인데, 이 과정이 보통 6~10개월 정도 걸립니다.

자동차를 디자인하려면 곤충, 나무, 꽃, 동물 같은 자연을 많이 보고 느끼며 그 속에서 새로운 디자인을 창조하는 것이 무엇보다 중요합니다.

> 대학에서 산업 디자인 관련 전공을 하거나 자동차 디자인 학과를 졸업하고, 자동차 회사에 취직하는 것이 기본 과정입니다. 이 직업을 가지기 위해서는 그림 그리는 것을 좋아하고, 자신의 의사를 잘 전달하는 자신감이 있어야 하며, 수많은 수정을 거쳐 작품을 완성하기까지 끈기가 필요합니다. 또한 모터쇼를 통해 최신 트렌드를 공부하는 자세도 중요합니다.

보석 디자이너는 정교함이 필요한 직업이지요. 먼저 원석을 고르고, 자로 일일이 재면서 액세서리의 실제 크기와 착용감까지 생각한 다음 디자인합니다. 보석 디자이너는 새로운 디자인 하나를 위해 책을 많이 봐야 하는 것은 물론, 특수 제작의 경우 손님의 키와 생김새, 손까지 보고 디자인해야 하는 경우도 있습니다.

보석은 저마다 성질이 모두 다르기 때문에 보석의 특징을 잘 아는 것이 중요합니다. 예를 들어, 다이아몬드는 강도가 가장 강한 원석이고 그 광채가 다른 원석에 비해 눈에 띌 정도로 아름답기에 최고의 보석으로 여깁니다. 또, 녹색 빛의 에메랄드는 강도가 약하기 때문에 옆의 보석과 부딪히는 디자인을 할 수 없습니다.

게다가 보석을 다루려면 원석을 사서 만들어 놓고 팔리기까지 기다려야 하므로 투자 금액이 엄청 큽니다. 이에 대한 경제적 위험부담은 감수해야 합니다. 또한 보석이 가짜일 경우를 대비하여 기본적인 보석 감정을 할 줄 안다면 좋겠죠? 보석감정사 자격증까지 겸비한다면 더 전문적으로 활동할 수 있습니다.

고교나 대학에서 산업·보석 디자인 또는 금속공예를 전공하거나, 보석 디자인 학원에서 공부를 합니다. 보석 디자인에 대한 기본 소양을 쌓은 후 보석 디자인 업체에 취업하는 것이 기본 과정이죠. 보석은 잘못 다루게 되면 손해 금액이 크기 때문에 매사에 조심하고 참을성이 있어야 합니다. 그리고 도전적이고 창의적인 디자인을 구상한다면 금상첨화겠죠?

보석 디자이너

코코 샤넬과 함께 했던 20세기 패션의 역사

세계 패션은 코코 샤넬이 디자이너로 활동하던 시대인 20세기 초반부터 많은 변화를 보이기 시작했다. 그 이전에는 단지 부와 아름다움을 표현하기 위한 의상들이 많았지만, 세계 대전의 발발과 사회 풍조의 변화 등에 따라 대중들의 입맛에 맞는 새로운 스타일이 필요했다.

그리하여 다양한 시각과 관점에서 디자인을 바라보게 되고, 이러한 디자인들이 대유행하기 시작했다. 이러한 변화는 시대의 흐름에 따른 자연스러운 현상이라 할 수 있다.

이렇게 한 세기만에 수많은 변화를 거듭한 세계 패션의 역사를 시대별로 살펴보기로 한다.

1910년대

제1차 세계 대전의 영향으로 본격적인 근대화가 시작된 시기이다. 전쟁 이후 여성 복장의 지나친 과장이나 장식적인 요소들은 사라지고 자유롭고 간편한 옷차림이 추구되었다.

이 시기의 패션에 있어서 커다란 변화는 1900년대 초반 상류층에 널리 퍼져 있었던 S-Curve의 굴곡 있는 실루엣이 사라지고 직선형의 실루엣이 유행하였는데, 이는 여성스러움보다는 단순함을 강조한 디자인이었다.

대표적인 디자이너

폴 푸아레(1879~1944)

프랑스 디자이너 폴 푸아레는 1904년 파스키에 거리에 부티크를 열어 새로운 모드를 발표하였다. '패션의 제왕' 이라 불리는 그는 현대적인 실루엣을 소개했는데, 근대적인 직선형 라인의 드레스를 첫 번째로 제시하여 불편한 코르셋과 페티코트로부터 여성들을 해방시켰다.

또한 푸아레는 회화를 의상에 접목시킨 최초의 디자이너로 꼽힌다. 어두운 색조를 지양하고 담황색, 노랑, 청회색, 초록색, 오렌지색 등의 발랄한 색을 생동감 있는 현대적 이미지로 승화하여 회화적으로 표현하였다.

그리고 러시아와 중국풍의 코트, 터키풍의 판탈롱, 기모노풍의 튜닉 드레스, 터번 등 동양 스타일을 선보였으며, 후에 아프리카풍도 소개하였다.

그는 1912년 12명의 모델들과 함께 베를린, 모스크바 등 유럽의 중요 도시를 돌아다니면서 발표회를 열었으며 프랑스 패션을 대표하여 미국을 방문하였다.

푸아레는 그의 작품을 예술로 만든 최초의 디자이너였으며 공예 학교 '마르티느' 를 열어 가구 디자인, 향수 제조, 화장품, 액세서리 등 많은 분야에서 활동을 했다.

그는 1920년대에 패션계의 샛별로 떠오르는 코코 샤넬과 치열한 경쟁을 하게 된다.

1920년대

제1차 세계 대전에서 승리한 미국의 경제적 영향력이 커지면서 미국인들의 생활양식을 중심으로 물질적인 풍요가 이루어졌다. 소비와 쾌락을 추구하는 사람들이 사회·문화적 활동을 하면서 대중문화가 태동하게 되었으며, 젊은이들은 엔터테인먼트와 스포츠에 열광하였다. 특히 여성들은 남녀평등, 참정권의 요구와 더불어 여성해방운동을 펼치고 있었고, 이러한 사상적, 시대적 흐름과 더불어 여성의 사회 진출이 활발하게 이루어지게 되었다.

남성과 마찬가지로 사회에서 자유로운 생활을 하는 젊은 여성들은 형식에 맞춘 불편한 옷보다 기능에 중점을 둔 간편한 옷이 필요했다. 이런 시대상을 반영하듯 짧은 스커트, 소매 없는 의상, 짧은 상의 등의 날씬한 실루엣과 보이시 룩이 유행하였다.

보이시 스타일Boyish Style은 여성들을 위한 디자인이지만 소년의 느낌이 많이 나는 패션 스타일이다. 직선의 짧은 머리, 가슴선이 납작한 짧은 드레스, 힙까지 낮아진 상의를 특징으로 하여 여성의 신체 곡선을 무시하는 실루엣이었다.

이는 당시 사회의 개방적인 분위기와 효율성을 강조한 스타일이 복식에 반영된 것으로 직선형 실루엣이 현대적인 형태로 표현되었다.

1920년대 전반기의 기본 실루엣이 보이시 스타일Boyish Style이라면, 후반기의 기본 실루엣은 가르손느Garconne Style이다. 가르손느 스타일은 보이시 스타일과 기본 실루엣은 같지만 좀 더 여성다움을 되찾은 소녀 같은 스타일이다.

이 당시 여성들은 개성적이고 활동적인 것을 추구하였지만 자유연애를 즐기는 등 여성성을 잃지 않으려는 스타일이 강했다. 여성들은 짧은 머리에 파마를 즐겼으며, 스커트 길이가 짧아짐에 따라 스타킹과 구두에 더욱 주의를 기울이게 되었다.

이 시기에 등장한 코코 샤넬은 저지 스타일로 선풍적인 인기를 끌며 패션계를 주도해 나가기 시작한다.

대표적인 디자이너

마들렌 비오네 (1876~1975)

마들렌 비오네는 옷감의 성질에 따라 각기 다른 드레스를 디자인하는 방법으로 큰 인기를 끌었다. 옷감에 따라 다양한 드레스가 만들어졌으므로 그녀가 선보인 컬렉션의 작품 수는 매우 풍부했다.

그녀의 대표작은 그녀가 발명한 옅은 색의 무거운 실크로 만든 '로자르바 드레스'이다. 이는 여름의 경마장 모임에서 유행한 옷이다.

목선에서부터 자연스럽게 흘러내리는 라인이 어깨와 가슴까지 이어지는 느슨한 드레스로, 우아한 실루엣을 형성하고 있다. 가죽 벨트와 곳곳에 스티치가 있는 심플한 드레스이지만 몸에 부드럽게 밀착되는 여성스러움이 있다. 이 드레스는 전면 터진 데가 없이 머리부터 쑥 밀어 넣어 입을 수 있도록 디자인되어 있다.

잔 랑뱅(1867~1946)

잔 랑뱅의 대표작은 여자다움이 소멸한 이 시기에 반대되는 로맨틱한 '픽처 드레스'이다. 선풍적이지는 않았지만 상류 고객들 사이에서 일정한 지지를 받아 유행했다.

랑뱅의 뛰어난 색채 감각은 가히 전설적이다. '랑뱅 블루'는 10세기 교회의 스테인드글라스에서 영감을 얻었다고 한다.

오늘날에도 브랜드 랑뱅은 의류, 액세서리, 화장품 분야에서 각광을 받고 있다.

1930년대

1929년 뉴욕 주식 시장의 대폭락으로 세계적인 경제 공황이 있었던 시기이다. 패션 또한 이러한 흐름에 영향을 받아 1920년대의 활동적인 모드와 상반되는 우아하고 여성적인 스타일이 다시 인기를 끌기 시작했다. 허리선은 옛날처럼 잘록해지고 선을 강조한 스커트의 길이가 길고 풍성해지면서, 몸에 달라붙고 어깨는 넓으면서도 각이 진 실루엣이 유행하였다.

대표적인 디자이너

엘사 스키아파렐리(1890~1973)

엘사 스키아파렐리는 비록 현대에는 모습을 감췄지만 당시에는 매우 독창적인 작품을 선보였다. 대개 그녀의 작품은 상당히 우아하고 건축미가 흐르는 야회복이지만, 그녀의 창작품에는 환상적 이미지가 가득하다. 허리를 끌어안은 거대한 손을 수놓은 드레스, 살색의 손톱모양을 그려 넣은 장갑, 서랍처럼 보이는 포켓은 그녀의 창작 세계를 엿볼 수 있는 것이다.

그녀는 화려한 색상을 사용했는데, 그 중에 그녀를 대표하는 **가장 유명한 색상은 '쇼킹 핑크Shocking Pink'였다.** 눈에 확 띄는 분홍색으로 형광색 느낌이 나는 독특한 색이다. 그녀를 대표하는 향수 역시 '쇼킹'이라는 이름이 붙었다.

패션에 대한 그녀의 가장 중요한 공로는 각이 지고 심이 들어간 어깨이다. 그것은 어깨심을 사용해 만들어진 최초의 패션이었다. 1930년대 후반과 40년대에 세계를 휩쓸었고 미국에서 널리 유행했다.

이러한 어깨 디자인은 2010년도 우리나라에서 '파워 숄더'라는 패션 아이템으로 대유행했다. 우주복 패션이라는 우스갯소리가 나올 정도로 선풍적인 인기를 끌었다.

1940년대

1939년에서 1945년까지는 제2차 세계 대전의 영향으로 패션이 정체되어 있는 현상이 나타난다. 전쟁 때문에 밀리터리 룩이 유행하였고, 의복 스타일을 단순·축소화한 디자인이 나타났다. 그러다가 1947년 크리스티앙 디오르가 여성적인 선을 강조한 뉴룩New Look을 발표하면서 급격하게 실루엣이 변화하고 유행에 큰 변화가 생기게 되었다.

대표적인 디자이너

크리스티앙 디오르(1905~1957)

코코 샤넬과 함께 패션계의 거장으로 이름난 크리스티앙 디오르의 대표작은 뉴룩New Look이다.

1947년 2월 12일, 크리스티앙 디오르의 첫 번째 컬렉션에서 등장한 뉴룩은 여성들을 감성적인 복고풍 패션으로 매료시키며 엄청난 인기몰이를 했다. 뉴룩은 신체의 곡선을 강조하는 디자인으로 인해 가슴선과 허리선을 강조하는 코르셋을 필요로 했는데, 이는 샤넬 이전의 패션으로 회귀하는 듯 보였다.

프랑스의 파업 사태로 악화된 사회적 분위기 속에서 등장한 뉴룩은 예전 르네상스의 분위기를 떠올리게 하면서 암울한 현실을 벗어나게 해 주는 역할을 했다.

크리스티앙 디오르는 뉴룩 이후로도 계속 새로운 시도를 했다. H라인, A라인, Y라인 등 이른바 알파벳 라인을 발표하며 1950년대를 수놓았다.

하지만 모든 패션이 그 절정에 다다른 이후 새로운 스타일을 향해 조금씩 변화하듯이 뉴룩도 점차 변형되기 시작했다. 허리는 점차 편안한 선으로 느슨해지고, 스커트 길이도 조금씩 다리 위로 올라가면서, 원래의 실루엣은 해마다 조금씩 사라져 갔다.

이러한 디오르 패션은 오늘날에도 어김없이 대중들의 사랑을 받으며 패션계의 강자로 우뚝 서 있다.

1950년대

제2차 세계 대전 이후 산업 발전으로 도시 인구가 증가하면서 풍요의 시대가 열렸다. 파리의 고급 맞춤복 시장은 크리스티앙 디오르와 같은 디자이너의 거대한 영향력으로 세계에 이름을 떨쳤고, 고급 의상을 전문적으로 제작하는 의상실이 많아졌으며, 오드리 헵번은 이 시기의 대표적인 패션 아이콘이었다.

유럽에서는 보이시하면서도 르네상스적인 우아한 디자인을 기본으로 하여 이것이 변화하거나 재유행했다. 반면, 미국에서는 캐주얼한 고급 기성복을 제작하는데 주력했다.

이 시기 여성복에 나타난 두드러진 변화는 바지 착용이다. 자본주의의 급속한 발전과 더불어 민주주의도 강력해져 남녀의 동등한 지위가 인정되면서, 기존의 여성에게 스커트만을 허용하던 가치관이 변화하여 새로운 유행을 일으켰다. 특히, 1951년 브랜드 리바이스Levi's의 등장은 이러한 경향을 촉진시켰을 뿐만 아니라, 진Jean을 패션의 새로운 아이템으로 정착시키는 역할을 했다.

대표적인 디자이너

이브 생 로랑(1936~2008)

크리스티앙 디오르가 세상을 떠난 후, 디오르 회사의 모든 업무를 맡게 된 이브 생 로랑은 디오르의 영향을 가장 많이 받은 수제자이다. 하지만 그는 크리스티앙 디오르의 경쟁자인 샤넬 역시 동경했기 때문에 샤넬 스타일을 많이 도입하기도 했다.

1965년, 이브 생 로랑은 회화에서 영감을 얻은 하얀색 저지 드레스를 발표했다. 그리고 이어 두건 달린 외투, 턱시도를 선보이기도 했다.

또한 그는 당시 유명했던 앤디 워홀의 예술적인 경향을 따라서 팝아트 Pop Art 드레스를 디자인하기도 했다.

1970년대 중반에는 수많은 영화 의상을 담당하는데, 특히 여배우 까뜨린느 드뇌브Catherine Deneuve를 위해 디자인을 했다. 1976년에는 러시아의 발레·오페라 컬렉션을 구상하여 언론으로부터 극찬을 받았다.

현재 그는 세상을 떠나고 없지만, 이브 생 로랑은 현재까지도 가장 명성 있는 브랜드로 패션계를 지키고 있다.

1960년대

영패션Young Fashion의 시기로 지칭되는 1960년대는 독특한 문화가 형성되었는데 특히 록 음악이 비틀즈와 롤링스톤스에 의해 전 세계 젊은이들에게 영향을 미쳤다. 그들은 영국 중세시대의 우아한 복장 스타일과 풍습을 초근대적으로 흉내 냈다. 이것을 모즈 룩Mods Look이라고 한다.

1965년에는 미니스커트가 대유행하였다. 당시 미니스커트는 노동 계급과 중간 계층 출신의 여성들이 즐겨 입었는데, 이 여성들은 패션 디자이너들이 만든 것이 아닌 자신을 위한 새로운 패션으로 창조했다. 스커트의 길이는 점점 더 짧아졌고, 스커트 총 길이가 18인치밖에 안 되는 가장 짧은 미니스커트가 대량 생산되어 판매되었다.

한편, 패션의 중심지인 영국 런던, 그리고 미국 샌프란시스코와 뉴욕을 중심으로 히피 스타일이 유행했다. 마리화나와 LSD 등 환각을 일으키는 약물을 복용했던 젊은이들 사이에서 유행했던 하류 계층의 패션이라고 알려졌으나 점차 상류 계층으로 전파되는 양상을 보이기도 하였다.

히피 패션의 가장 주목할 만한 특징은 첫째, 청바지가 낡아 헤졌거나 바랜 색상의 다양한 스타일이다. 둘째, 비틀즈의 헤어스타일에서부터 앞가르마를 탄 긴 머리, 또는 이마에 좁은 머리띠나 스카프를 매어 남미 인디언 스타일을 내는 등 헤어스타일이 다양해졌다. 셋째, 히피들의 자연에 대한 관심이 자연친화적인 농부 패션 같은 히피 드레스를 유행시켰다.

1960년대는 패션의 전환기로서 형식에 구애받지 않으면서도 자신이 좋아하는 스타일로 다양한 디자인을 개척한 시기였다. 이 시기 디자이너들도 인간 자체에 관심을 기울여 편안하고 자유롭게 착용할 수 있는 의복을 만들고 액세서리에도 개성 있는 디자인을 하여 상업적 성과를 거두었다.

대표적인 디자이너

파코 라반(1934~)

파코 라반은 흔하지 않은 실험적인 의상을 선보인 디자이너이다. 그는 비닐, 종이, 셀로판, 플라스틱, 알루미늄, 금속, 인조피혁, 합성수지 등 모든 가능한 소재를 창의적으로 구사하여 의상 디자인의 미래적 인물로 주목받았다.

현재에도 파코 라반의 브랜드는 환상적이고 신비로운 이미지로 인기를 끌고 있다.

피에르 가르뎅(1922~)

1960년대를 대표하는 디자이너 가운데 피에르 가르뎅은 남성과 여성을 위한 미래지향적 의상을 선보였을 뿐 아니라, 1970년대에는 기존 패션의 영역을 넘어서 가구, 호텔, 자기, 유리 제품에 이르기까지 디자인 분야를 새롭게 개척하였다. 예전에는 기능이 뛰어나면 그만이었던 산업 제품이 디자이너의 손길을 거치면서 미적인 효과가 가미되어 큰 인기를 끌었다.

브랜드 피에르 가르뎅은 오늘날에도 산업 각 분야에서 다양한 디자인을 접목시키며 이름을 널리 알리고 있다.

1970년대

2번의 석유 파동과 인플레이션 현상으로 경제적 불황기였던 70년대는 사회적으로 불안했던 시기이다. 이 당시 경기 침체는 생활양식에도 많은 영향을 끼쳐 여성들은 보다 실용적이고 간편한 스타일의 의복을 즐겨 입게 되었다.

60년대부터 70년대 초까지 이어진 패션은 개인적인 취향을 더욱 잘 표현하는 분위기로 나타났다. 기존의 전통과 관념이 무너지는 과정을 겪으면서, 패션으로 사회적 지위를 나타낼 수 있다는 생각은 사라졌다.

대표적인 특징을 다음과 같다.

첫째, 캐주얼 의복이 더욱 발전하였다. 특히, 사회 활동을 하는 여성들이 증가함에 따라 편한 바지 패션이 두드러지게 나타났다.

둘째, 디자인이 몇 가지로 제한적이었던 남성 패션이 더욱 다양해졌다. 패션에 관심을 가지는 남성들이 증가함에 따라 생긴 현상이다.

셋째, 남녀 모두 공용으로 입을 수 있는 유니섹스 룩이 인기를 끌었다. 유니섹스 룩의 전개는 여성다움이나 남성다움을 초월한 중성적 매력을 발산했고, 새로운 성의 개념을 만들어 냈다.

대표적인 디자이너

다카다 겐조(1939~)

다카다 겐조는 1970년대 초부터 파리에서 첫 컬렉션을 선보인 최초의 일본인 디자이너이다. 그는 각 나라의 전통적인 의상에 상이한 해석을 부여하는 창의적인 디자인을 만들었다.

겐조 패션은 한 나라의 스타일에 한정되지 않고 매우 독창적인 스타일을 만든 것이 특징이다. 각 나라를 대표하는 스타일에서 영감을 찾아 이것들을 혼합하였다. 또한 겐조가 강렬한 색상을 대담하게 배합한 디자인은 패션계에서 높이 평가되고 있다.

이러한 경향 때문에, 겐조의 고객은 나이와 취향이 매우 다양함에도 불구하고 마음대로 의상을 고를 수 있을 만큼 디자인의 폭이 넓다.

현재도 브랜드 겐조는 세계적으로 인기를 끌고 있다.

장 폴 고티에(1952~)

장 폴 고티에는 음악에서 영화에 이르기까지 시대의 사회·문화적 모든 풍조를 디자인에 그려 넣었다. 대표적으로 영화 '제임스 본드' 스타일로 구성한 컬렉션이 있다. 이는 1979~80년 겨울을 주제로 하여 그 당시 사회 분위기를 그대로 재현했다.

또한 끈 없는 브래지어와 파격적인 무늬를 표현한 검은색 타이즈로 인기를 끌었다. 장 폴 고티에의 이러한 거침없는 디자인은 오늘날에도 사랑을 받고 있다.

1980년대 이후

이 시기부터 세계 각국의 문화와 새로운 디자이너들이 많이 등장함으로써 다양한 패션 경향이 나타나기 시작했다. 역사적·민속적·인간과 자연의 상징적인 요소 등이 잘 어우러지게 도입하는 특징을 보였으며, 기존 사고방식의 틀을 거부하는 패션이 나타난 시기이다.

그리고 동·서양의 양식을 서로 혼합하거나 전통적 남성복 스타일을 여성복에 도입함으로써 이미지 변화를 주고자 하였다.

전반적으로 이 시기의 패션은 기존에 유행했던 디자인이 재유행하여 '패션은 돌고 돈다'는 인식을 심어줬고, 엔터테인먼트 산업이 발전함에 따라 연예인의 패션을 따라하는 경향이 더욱 강해졌다.

20세기 패션의 역사는 급변하는 사회적 분위기와 창의적인 디자이너들의 등장에 따라 계속해서 발전해 왔다. 현대인들은 꾸미는 것에 대한 욕구를 끊임없이 충족하려 하고 있고, 디자인은 이들의 입맛에 맞춰 흘러가고 있다.

현재 21세기의 패션은 과학 기술의 진보와 미래지향적인 사회적 분위기에 따라 그래픽과 사이버적인 요소가 강하게 나타나고 있다. 딱딱한 느낌의 도형이나 강렬한 원색을 사용하여 튀는 패션을 창조하기도 하고, 부담스러울 정도로 광택이 나며 차가운 느낌이 드는 우주인 콘셉트의 사이버 의상을 선보이기도 한다.

지금도 미래의 패션을 주도할 다양한 아이디어가 세계 컬렉션을 장식하고 있다. 그 속에서 제2의 코코 샤넬을 꿈꾸는 무수한 이들이 세계를 빛낼 디자인을 준비하고 있다.

이렇게 패션의 역사는 시간의 흐름에 따라 변화와 발전을 거듭하고 있다.